Impressum
Verlag: BABADADA GmbH, Nedderfeld 112 , 22529 Hamburg
Geschäftsführer / Verlagsleitung: Harald Hof
Druck: Books on Demand GmbH, In de Tarpen 42, 22848 Norderstedt

Imprint
Publisher: BABADADA GmbH, Nedderfeld 112 , 22529 Hamburg, Germany
Managing Director / Publishing direction: Harald Hof
Print: Books on Demand GmbH, In de Tarpen 42, 22848 Norderstedt

escola

སློབ་གྲྭ

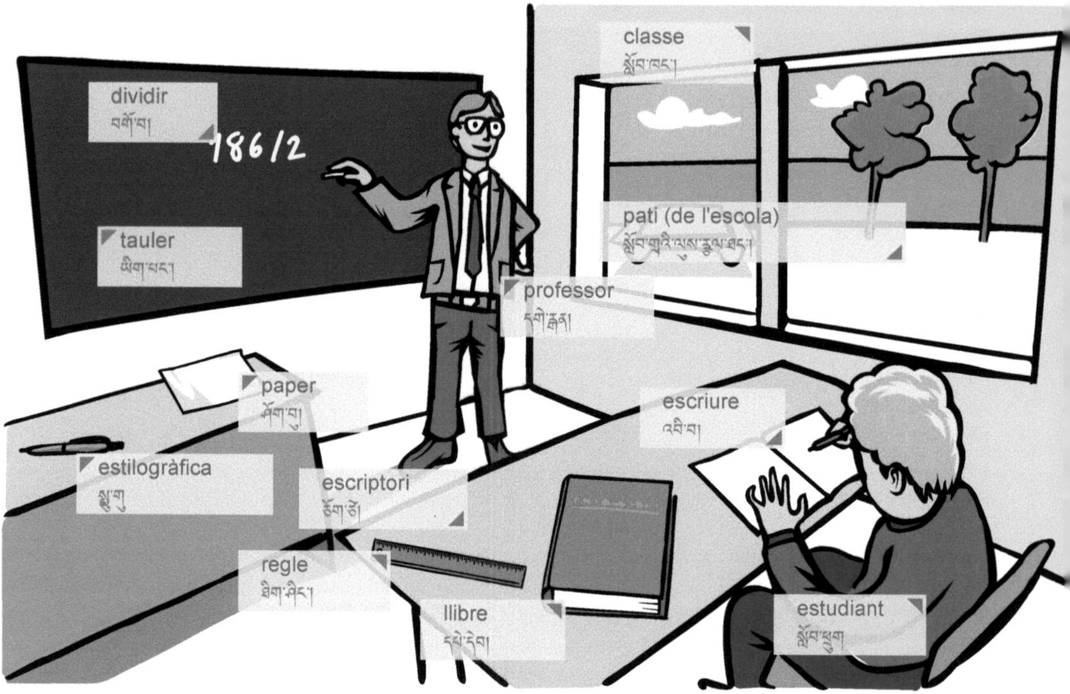

classe
སློབ་ཁང་།
dividir
བགོ་བ།
186/2
tauler
ཡིག་པང་།
pati (de l'escola)
སློབ་གྲྭའི་ལུས་རྩལ་ཐང་།
professor
དགེ་རྒན།
paper
ཤོག་བུ།
escriure
འབྲི་བ།
estilogràfica
སྨྱུ་གུ
escriptori
ཅོག་ཙེ།
regle
ཐིག་ཤིང་།
llibre
དཔེ་དེབ།
estudiant
སློབ་ཕྲུག

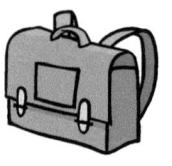

bossa

དཔེ་ཁུག

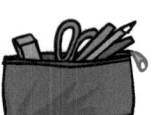

estoig

སྨྱུག་སྒམ།

llapis

ཞ་སྨྱུག

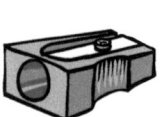

maquineta de fer punta

གཙོག་གྲི།

goma

འཕྱིག་གསུབ།

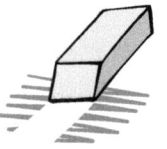

bloc de dibuix

འབྲི་པང་།

dibuix

རི་མོ།

pinzell

ཚོན་ཕྱིར།

capsa de pintures

ཚོས་སྣོམ།

tisores

ཇེམ་ཚི།

cola

འབྱར་རྩི།

quadern d'exercicis

སྦྱོང་བརྡར་སློབ་དེབ།

deures

ནང་སྦྱོང་།

nombre

ཨང་གྲངས།

afegir

སྣོན་པ།

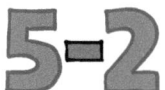

sostreure

འཕྲི་བ།

multiplicar

སྒྱུར་བ།

calcular

རྩིས་རྩག་པ།

lletra

ཡི་གེ།

alfabet

ཀ་ཁ་

mot

ཚིག

text

ཡིག་གཞི།

llegir

སློག་པ།

guix

ས་སྨྱུག

lliçó

སློབ་ཚན།

llibre de classe

དེབ་གཞུང་།

examen

ཡིག་ཚད།

certificat

ལག་ཁྱེར།

uniforme escolar

སློབ་གོས།

formació

སློབ་གསོ།

enciclopèdia

ཤེས་བྱ་ཀུན་བཏུས་དེབ་ཐེར།

universitat

སློབ་གྲྭ་ཆེན་མོ།

microscopi

ཕྲ་མཐོང་ཆེ་ཤེལ།

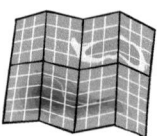

mapa

ས་ཁྲ།

paperera

གད་སྙིགས་སློད།

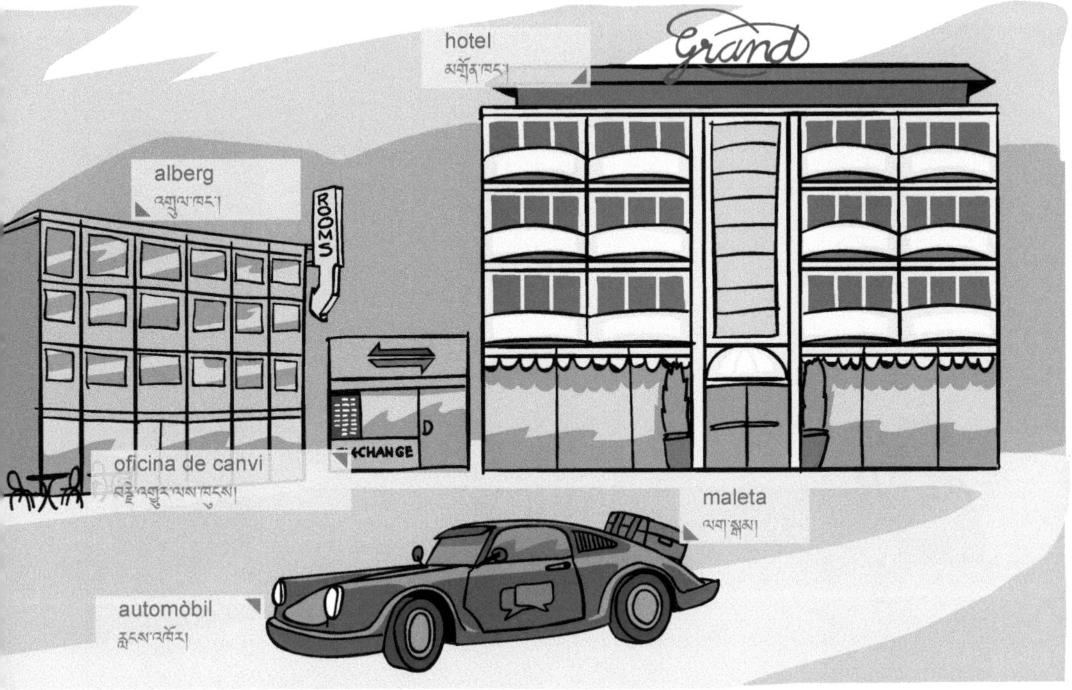

hotel
མགྲོན་ཁང་།
Grand
alberg
འགྲུལ་ཁང་།
ROOMS
oficina de canvi
བརྗེ་འགྱུར་ལས་ཁུངས།
maleta
ལག་སྒམ།
automòbil
རླངས་འཁོར།

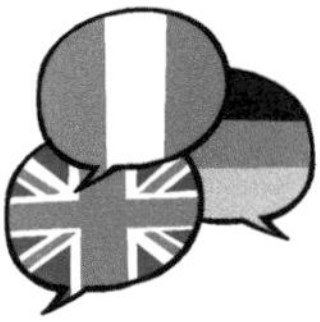

llengua

སྐད་རིགས།

sí / no

རེད། མ་རེད།

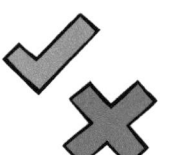

D'acord

ལགས་སོ།

Ey!

ཁམས་བཟང་།

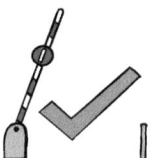

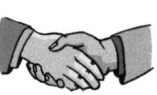

traductora

ཡིག་སྒྱུར་བ།

gràcies

ཐུགས་རྗེ་ཆེ།

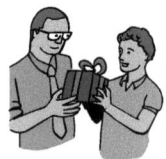

Quant costa… ?

ག་ཚོད་རེད།

No entenc

ཧ་གོ་མ་སོང་།

problema

དཀའ་ངལ།

Bona nit!

དགོང་མོ་བདེ་ལེགས།

bon dia!

ཞུ་རོ་བདེ་ལེགས།

bona nit!

མཚན་མོ་བདེ་ལེགས།

fins aviat

ག་ལེར་ཕེབས།

direcció

ཁ་ཕྱོགས།

bagatge

ཅ་ལག།

bossa

ཁུག་མ།

sarrona

རྒྱབ་ཁུག

convidat

མགྲོན་པོ།

cambra

ཁང་མིག

sac de dormir

ཉལ་ཁུག

tenda

གུར།

oficina de turisme

ཐབ་སྟོར་ཅ་འཕྲིན།

platja

མཚོའི་གླས་ཐང་།

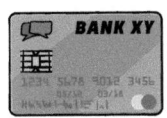

carta de crèdit

ཡིད་རྟོན་བྱང་བུ།

esmorzar

ཞོགས་ཟས།

dinar

དགུངས་ཚ།

sopar

རྒྱབ་ཚ།

bitllet

པ་སེ།

ascensor

གློག་སྐས།

segell

ཟེལ་ཚོ།

frontera

མཐའ་མཚམས།

duana

ཕྲོ་ཁྲལ།

ambaixada

གཞུང་ཚབ་ཆེན་མོའི་ལས་ཁངས།

visat

མཆན་བཀོད་ལག་ཁྱེར།

passaport

ལག་འཁྱེར།

transport

སྐྱེལ་འདྲེན་བྱེད་པ།

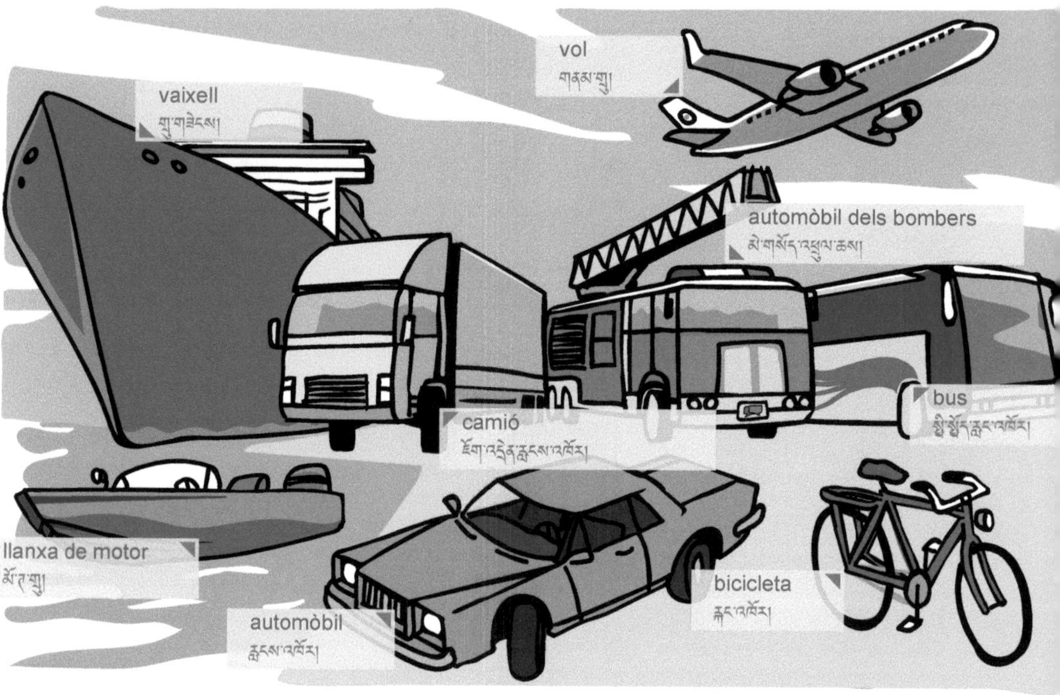
vol
གནམ་གྲུ།
vaixell
གྲུ་གཟིངས།
automòbil dels bombers
མེ་གསོད་འཁྲུལ་ཆས།
camió
ཛོག་འདྲེན་རླངས་འཁོར།
bus
སྤྱི་སྤྱོད་རླང་འཁོར།
llanxa de motor
མོ་ཊ་གྲུ།
automòbil
རླངས་འཁོར།
bicicleta
རྐང་འཁོར།

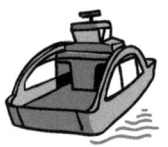

transbordador

ཀོ་ས།

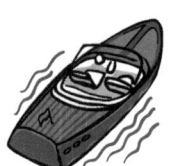

barca

གྲུ།

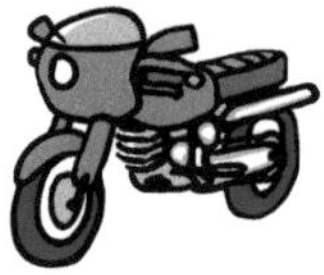

moto

འཕྲུལ་རྟ།

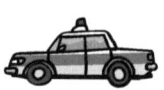

automòbil de policia

བདེ་སྲུང་སྣུམ་འཁོར།

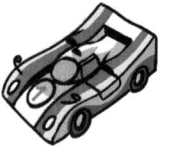

automòbil de curses

རླངས་འཁོར་འགྲན་བསྡུར།

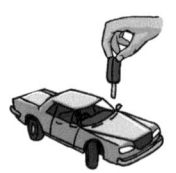

automòbil de lloguer

གླ་འབབ་རླངས་འཁོར།

vehicle compartit

རྩུངས་འཁོར་འགོ་འགྱིམས་བྱེད་པ།

grua

འདྲུད་འཁོར་ཆག་སྒྲིག

camió de les escombraries

འདྲུད་འཁོར།

motor

མོ་ཊ།

benzina

བུད་ཤིང་།

benzineria

རྡོ་སྣུམ་ས་ཚིགས།

senyal de trànsit

འགྲིམ་འགྲུལ་གྱི་མཚོན་རྟགས།

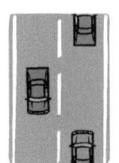

trànsit

འགྲིམ་འགྲུལ།

embús

འགྲིམ་འགྲུལ་འགག་པ།

aparcament

རྩུངས་འཁོར་འཇོག་པ།

estació de trens

མེ་འཁོར་འབབ་ཚིགས།

vies

ལམ་ཚད།

tren

མེ་འཁོར།

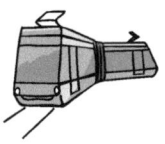

tramvia

གློག་སྐུད་ལ་སྦྲེ་སྟོང་གི་འཁོར་ལམ།

vagó

ཤིང་རྟ་འཁོར་ལོ།

helicòpter

བད་འཕུར་གནམ་གྲུ།

aeroport

གནམ་གྲུ་ས་ཚིགས།

torre

ལྩོག་ལྩོག་མཁར།

passatger

འགྲུལ་པ།

contenidor

སྦོད་ཚས།

capsa de cartó

ཤོག་སྒམ།

carretó

ཤིང་སྒྲ།

cistella

གཟེད་མ།

enlairar-se / aterrar

མཆོང་བ།

ciutat

གྲོང་ཁྱེར།

poble

སྡེ་བ།

centre de la ciutat

གྲོང་ཁྱེར་གྱི་ལྟེ་བ།

casa

ཁང་པ།

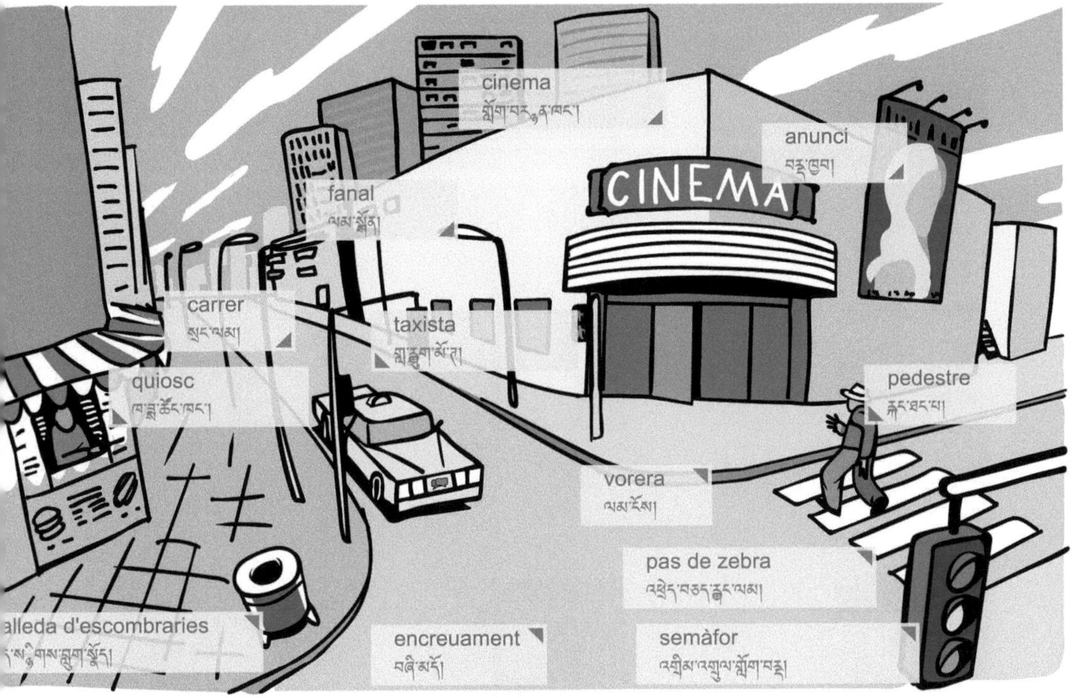
cinema
གློག་བརྙན་ཁང་།
CINEMA
anunci
བརྡ་ཁྱབ།
fanal
ལམ་སྒྲོན།
carrer
སྲང་ལམ།
taxista
གླ་རྒྱུག་མོ་ཊ།
quiosc
ཁ་ཟླ་ཚོང་ཁང་།
pedestre
རྐང་ཐང་པ།
vorera
ལམ་ངོས།
pas de zebra
འཕྲེད་བཅད་རྐང་ལམ།
alleda d'escombraries
ད་སྙིགས་ལྷུག་སྣོད།
encreuament
བཞི་མདོ།
semàfor
འགྲིམ་འགྲུལ་གློག་བརྡ།

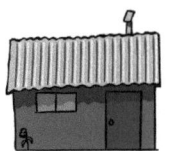

cabana

ཁང་ཆུང་།

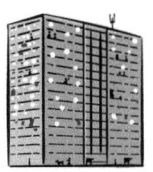

apartament

ཁང་པ།

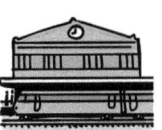

estació de trens

མེ་འཁོར་འབབ་ཚུགས།

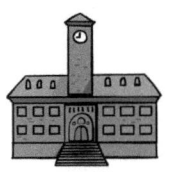

casa de la vila-ciutat

གྲོང་སྡེའི་ཚོགས་ཁང་།

MUSEUM

museu

འགྲེམས་སྟོན་ཁང་།

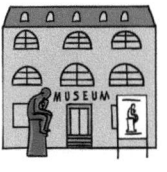

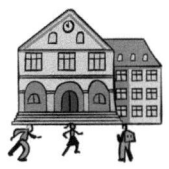

escola

སློབ་གྲྭ

universitat

སློབ་གྲྭ་ཆེན་མོ།

banca

དངུལ་ཁང་།

hospital

སྨན་ཁང་།

hotel

མགྲོན་ཁང་།

farmàcia

སྨན་སློག་ཁང་།

oficina

ལས་ཁུངས།

llibreria

དཔེ་ཁང་།

botiga

ཚོང་ཁང་།

floristeria

མེ་ཏོག་ཚོང་མཁན།

supermercat

སྤྱི་ཚོགས་ཁྲོམ་ར།

mercat

ཁྲོམ་ར།

gran magatzem

སྤྱི་ཚན་ཚོང་ཁང་།

peixateria

ཉ་ཚོང་མཁན།

centre comercial

ཚོང་ཁང་སྤྱི་གནས།

port

གྲུ་ཁ།

parc

གྲིང་ག

banc

ཀུབ་ཀྱག་ནར་མོ།

pont

ཟམ་པ།

escala

ཐེམ་སྐས།

metro

ས་འོག་གི།

túnel

རི་སྲུག་ལྲགས་ལམ།

parada d'autobús

ཀུད་འབོར་འབབས་ཚིགས།

bar

ཆང་ཁང་།

restaurant

ཟ་ཁང་།

bústia de correu

ཡིག་སྒམ།

senyal indicador

ལམ་གྱི་མཚོན་རྟགས།

parquímetre

འཚོག་སྒ་རེའི་རེན་མིག

zoo

གཅན་གཟིག་ཁང་།

piscina

ཀུལ་རྫིང་།

mesquita

ཁ་ཆེའི་ལྲ་ཁང་།

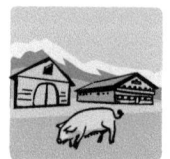

granja

ཞིང་ར།

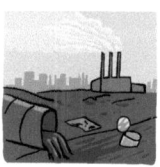

pol·lució

འབགས་བཙོག

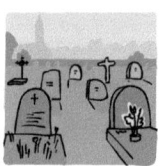

cementiri

དུར་ས།

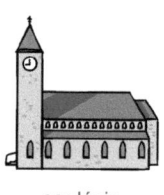

església

ལྷ་ཁང་།

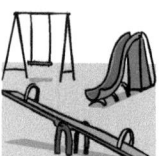

parc infantil

རྩེད་ཐང་།

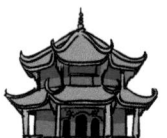

temple

ལྷ་ཁང་།

paisatge

ཡུལ་ལྗོངས།

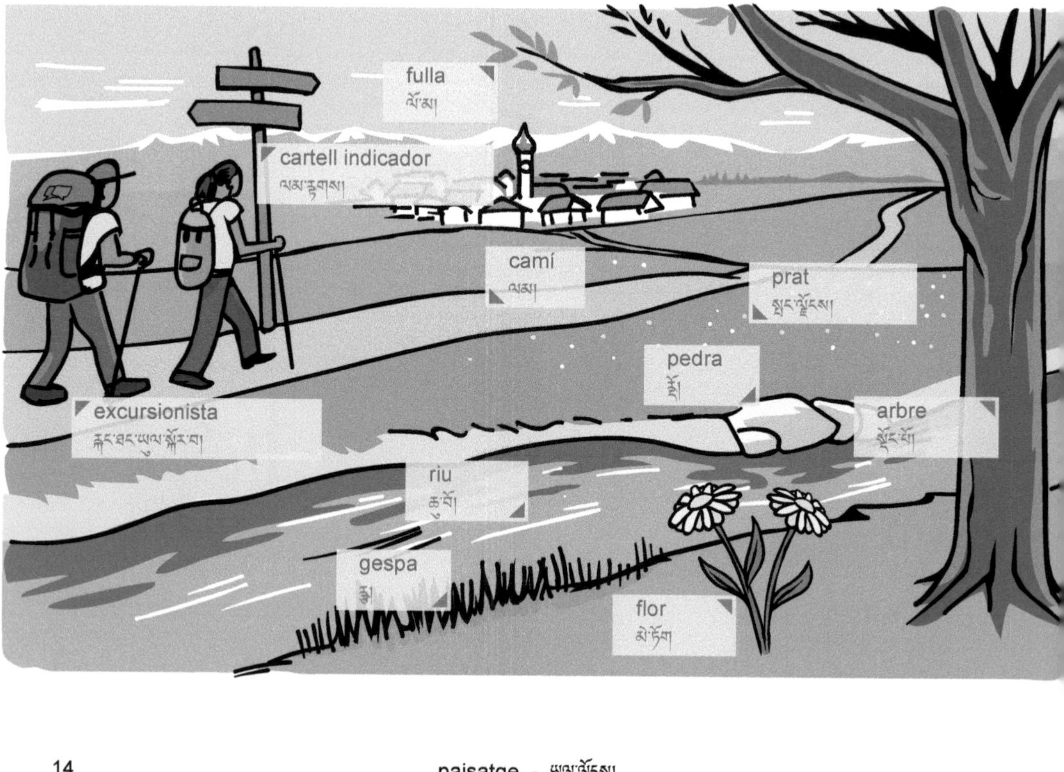
fulla
ལོ་མ།
cartell indicador
ལམ་རྟགས།
camí
ལམ།
prat
སྤང་ལྗོངས།
pedra
རྡོ།
excursionista
རྐང་ཐང་ཡུལ་སྐོར་བ།
arbre
སྡོང་པོ།
riu
ཆུ་བོ།
gespa
རྩྭ།
flor
མེ་ཏོག

vall

གྲུང་།

muntanya

རི་བོ།

llac

མཚོ།

bosc

ནགས་ཚལ།

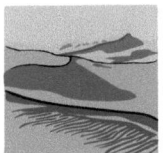

desert

བྱེ་ཐང་

volcà

མེ་རི།

castell

ཕ་བྲང་།

arc de Sant Martí

འཇའ་ཚོན།

bolet

ཤ་མོ།

palmera

ཏ་ལའི་ཤིང་།

moscard

དུག་སྦྲང་།

mosca

སྦྲང་བུ།

formiga

གྲོག་མ།

abella

བུང་བ།

aranya

སྦོམ།

escarabat

སྦུར་རུལ།

granota

སྦལ་པ།

esquirol

ཐང་ལི།

eriçó

རྐུན་མོ།

llebre

རི་བོང་།

òliba

འུག་པ།

ocell

བྱ།

cigne

ངང་དཀར།

senglar

ཕོ་ཕག

cervo

ཤ་བ།

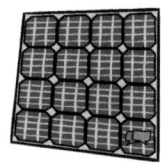

ant

རྐྱ་མོང་ཤྭ་བ།

presa

ཆུ་རགས།

turbina

རླུང་གི་འཕྲུལ་ཆས།

panell solar

ཉི་མའི་བཞུགས་མོ་ལ་ཚོགས་ཆུང་ད།

clima

ནམ་སྐྱི།

restaurant

ཟ་ཁང་།

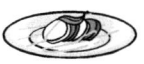

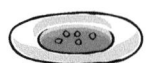

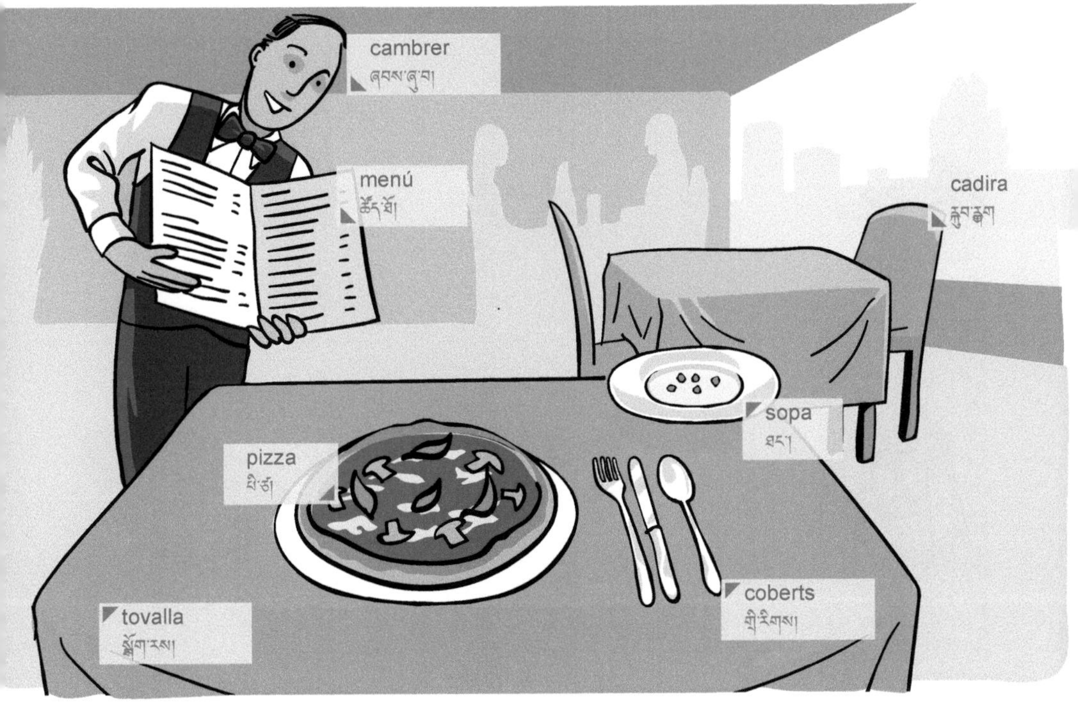
cambrer
ཞབས་ཞུ་བ།
menú
ཚོད་ཐོ།
cadira
རྐུབ་ཀྱག།
sopa
ཐང་།
pizza
པི་ཙ།
coberts
གྲི་རིགས།
tovalla
སྙོག་རས།

primer plat
ཟ་མ་དང་པོ།

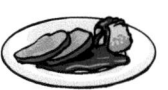

plat principal
གཙོ་ཚལ།

darreries
མངར་ཟས།

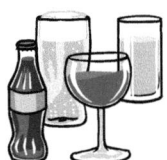

begudes
འཐུང་བ།

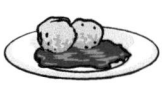

menjar
ཁ་ལག།

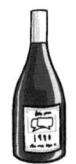

ampolla
ཤེལ་དམ།

menjar ràpid

མགྱོགས་ཟས།

menjar de carrer

སྲང་གི་ཟས་ཞིག

tetera

ཇ་འཁོལ།

sucrer

མངར་པོར།

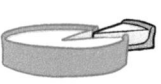

porció

དུམ་བུ།

màquina d'espresso

ཚིག་ཇ་འཁྲུལ་ཆས།

trona

ནང་མཐོ་རྐུབ་སྟེགས།

factura

ཧོ་ཡིག

plata

སྣོད་འགྲོལ།

ganivet

ཟ་གྲི།

forqueta

ཟས་ཁྲེབ།

cullera

ཞེམ་བུ།

cullereta

ཐུར་མ།

tovalló

ལག་རས།

got

ཤེལ་ཕོར།

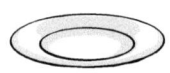

plat

སྐྱོར་མ།

plat de sopa

ཐང་ཕོར།

plateret

སྐྱོར་དཀྲིལ་ཁ།

salsa

སྤྱོད་རྩུ་མ།

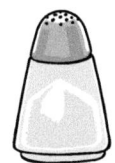

saler

ཚྭ་ཤོག

molinet de pebre

གཡེར་མ་འཐག་འཁོར།

vinagre

ཚྭ་རྩི།

oli

སྣུམ།

espècies

སྤྲིན་སྣ།

quètxup

ཞི་ཚའུ་པ།

mostassa

སྨེ་ཐེ།

maionesa

སྒོང་མེ་ར་ཚང་།

supermercat
སྣ་ཚོགས་ཁྲོམ་ར།

oferta especial
དམིགས་བསལ་གྱི་རིན་གོང་།
client
མགོ་མཁན།
productes lactis
འོ་རྫས།
fruites
ཤིང་ཏོག
carret de la compra
འདྲུད་འཛིན་འཁོར་ལོ
FOR

BUTCHERS

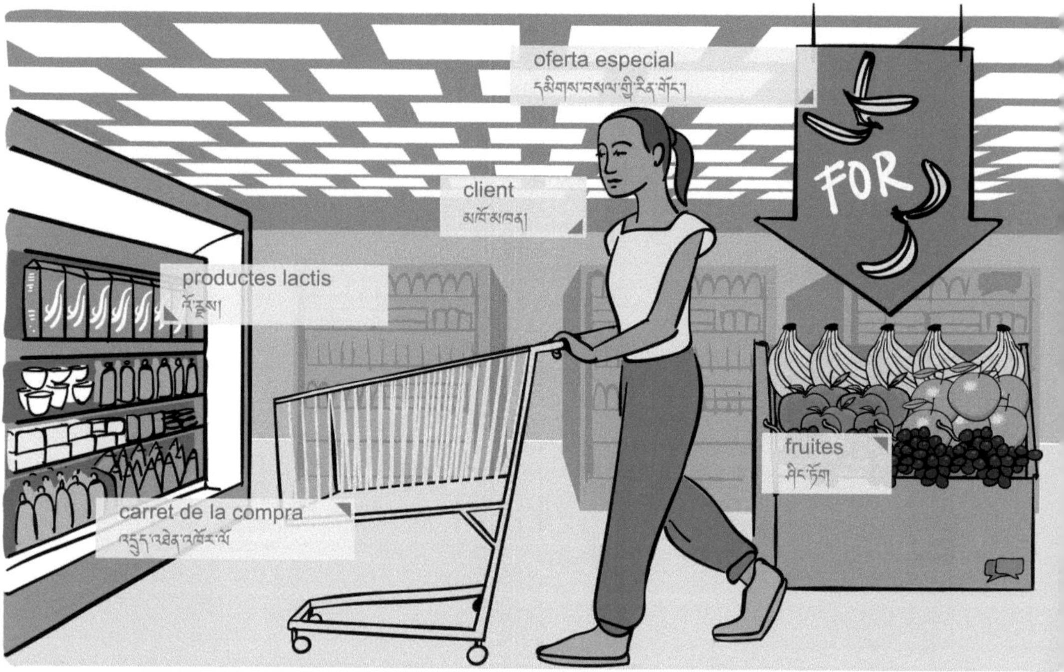

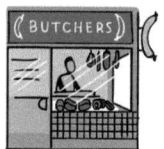

carnisseria

བཤས་ཚོང་།

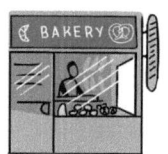

BAKERY

forn de pa

བག་སྲོབ་ལས་མཁན།

pesar

ལྗིད་ཚོད་འཇོགས་པ།

verdures

ཚོད་མ།

carn

ཤ།

menjar congelat

འཁྱགས་ཟས།

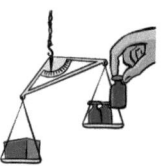

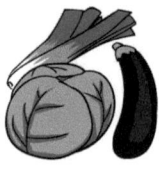

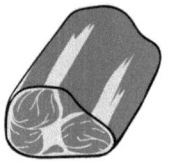

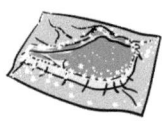

carn freda

ཤ་གྲང་།

conserves

ཀྱིན་བཙལ་བའི་ཟ་མ།

detergent en pols

ཁྲུས་བྱ་ལ།

dolços

མངར་ཟས།

articles domèstics

ཁྱིམ་ཆས།

productes de neteja

ཕྱིན་རྣས་གཙང་མ།

venedora

འགྲེམ་ཚོང་མཁན།

caixa registradora

དངུལ་སྒྲོམ།

caixera

དངུལ་གཉེར།

llista de la compra

དངོས་ཚོ་ཞིབ་ཁྲ།

horari d'obertura

སྒོ་འབྱེད་དུས་ཚོད།

portamonedes

དངུལ་ཁུག

carta de crèdit

ཡིད་རྟོན་བྱང་བུ།

bossa

ལྭག་མ།

bossa de plàstic

འགྱིག་ཤོག

aigua

ཆུ།

suc

ཤིལ་ཁུ།

llet

འོ་མ།

coca-cola

ཁ་ཉེག

vi

རྒུན་ཆང་།

cervesa

བྱུ་ཆང་།

alcohol

ཆང་རིག

cacau

ཀོ་ཀོ།

te

ཇ།

cafè

ཅིག་ཇ།

espresso

ཅིག་ཇ།

cappuccino

ཀ་པ་ཨ་ཅི་ནོ།

banana

རྡང་ལག།

poma

ཀུ་ཤུ།

taronja

ཚ་ལུ་མ།

síndria

སྐྱ་ཚི་ག་གོན།

llimona

ལེ་མོན།

pastanaga

ལབ་ཤེར

all

སྒོག་པ།

bambú

སྦུག་མ།

ceba

ཙོང་།

bolet

ཤ་མོ།

avellanes

སྤུན་སྒོག།

fideus

ཐུག་པ།

espaguetis

རྒྱ་ཕུག

arròs

འབྲས།

amanida

གྲུང་ཚལ།

patates fregides

ཀྲི་པ་སི།

patates fregides

ཡོངས་མ་སྲེག་པ།

pizza

པི་ཙ།

hamburguesa

ཤེས་སྦྲ་སྒྲ།

entrepà

བག་ལེབ་མནྟ་ཕི་ཙི།

escalopa

ཤ་ཤིག་གཤོགས།

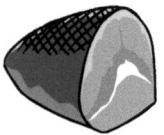

cuixot

ཕག་ཤ་དུང་མ།

salami

ས་ལ་མི།

salsitxa

རྒྱུ་མ།

pollastre

བྱ་ཤ།

rostit

སྲེག་པ།

peix

ཉ།

flocs de civada

ཨ་གུ།

musli

སྐྱི་ཙི་ལི།

cereals

ཨ་ཕོས་ལེབ་མོ།

farina

ཕྱེ་མ།

croissant

སྒྱང་མ།

panet

བག་ལེབ།

pa

བག་ལེབ།

torrada

བག་ལེབ་དྲིལ་གཟིགས་སྒྱེག་མ།

bescuits

སྐུར་ཤོབ

mantega

མར།

mató

ཆོ།

pastís

བག་ལེབ་ཤོབ་ཤོབ།

ou

སྒོ་ང་།

ou fregit

སྒོ་ང་བརྔོ་མ།

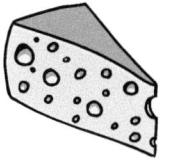

formatge

ཕྱུར་ར།

menjar - ཟ་ལྭག།   25

gelat

འཁྱགས་ཤོ།

sucre

བྱེ་མ་ཀ་ར།

mel

སྦྲང་རྩི།

melmelada

ལྦུ་མས།

crema de xocolata

ཅོག་ལི་ཆད།

curri

སྐ་སྨེ་ར།

granja
གཞལ་ཁང་།

bala de palla
རྩྭ་ཐབ།

graner
འབྲུ་ཁང་།

camp
ཞིང་ས།

cavall
རྟ།

remolc
འདྲུད་ཧྲིའི་འཁོར་ལོ།

poltre
རྟ་ཕྲུག

tractor
འདྲུད་འཁོར།

ase
བོང་བུ།

ovella
འདྲུད་འཁོར།

xai
ལུ་གུ

cabra
ར་མ།

vaca
བ་མོ།

vedella
བེ་བུ།

porc
ཕག

garrí
ཕག་ཕྲུག

bou
གླང་།

oca

དང་པ།

ànec

བྱ་གག

poll

བྱི་ལ་ཕྲུག

gall

བྱ་མོ།

gallina

བྱ་ཕོ།

rata

ཙི་པ།

gat

ཞི་མི།

ratolí

ས་བྱི་ཡིག

bou

བ་གླང་།

gos

ཁྱི།

gossera

ཁྱི་ཁང་།

mànega de regar

མེ་ཆོག་ལུགས་ཞབི་ཁང་པ།

regadora

ཆུ་འདྲེན་པའི་ལྱགས་ཞིན།

dalla

ཟོར་པ།

arada

ཐོང་གཤོལ།

granja - ཞིང་ར།

falç

ཟོར་བ།

aixada

འཛེར།

forca

རྩྭ་སྐམ་གྱི་ལ་དཔུག

destral

སྟ་རེ།

carretó

འཁོར་ལོ་གཅིག་མ།

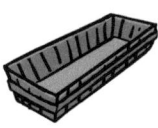

abeurador

དཔལ་ས།

lletera

འོ་ཐོ།

sac

སོ་ཁུག

tanca

ར་བ།

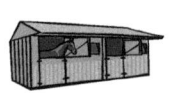

establa

བཅུན་ཕོ།

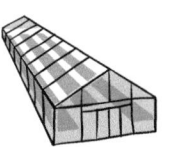

hivernacle

རྫོག་ཁང་།

sòl

ས།

llavor

འབྲུ།

adob

ཚོ་ལུད།

collidora

མཉམ་བསྡུ་འཕྲུལ་འཁོར།

collir

ཕྱོན་བསྡུ་བ།

collita

ཕྱོན་འབབ།

nyam

རི་སྨན།

blat

འབྲུ།

soja

ཧྲང་ཡུས།

patata

ཡོང་མ།

blat de moro o d'indi

མ་རྩོས་ལོ་ཏོག

colza

ཡུངས་དཀར་འབྲུ།

arbre fruiter

ཤིང་ཏོག

mandioca

ཚོག་ཁོག་མངར་མོ།

cereals

འབྲུ་རིགས།

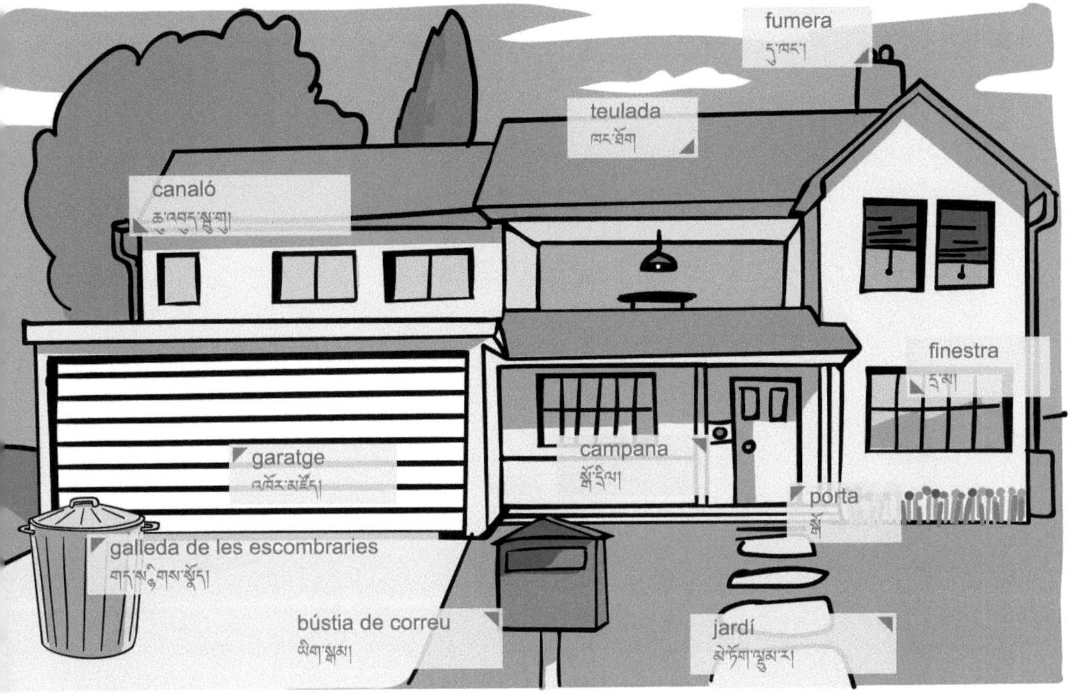

fumera
དུ་ཁུང་།

teulada
ཁང་ཐོག

canaló
ཆུ་འབབ་སྣ་སྦུག

finestra
དྲ་སྒོ།

garatge
འཁོར་མ་ཆོད།

campana
སྒོ་དྲིལ།

porta
སྒོ།

galleda de les escombraries
གད་སྙིགས་སྣོད།

bústia de correu
ཡིག་སྒམ།

jardí
མེ་ཏོག་ལྫུམ་ར།

sala d'estar

སྐྱིད་ཁང་།

bany

འཁྲུས་ཁང་།

cuina

ཐབ་ཚང་།

cambra de dormir

ཉལ་ཁང་།

cambra de nen

ཕྲུག་པའི་ཁང་པ།

menjador

ཁ་ལག་ཟ་ས།

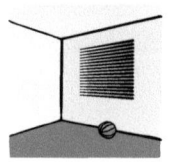

sòl

ཕང་གཅལ།

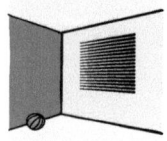

paret

གྱང་།

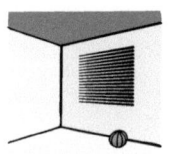

sostre

གནམ་གཅལ།

soterrani

ས་འོག

sauna

རྔུལ་ཁྲུས།

balcó

འདོགས་གཡབ།

terrassa

སྣམ་ཞིང་།

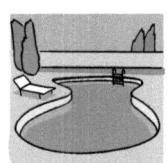

piscina

རྐྱལ་རྫིང་།

tallagespa

རྩྭ་འབྲེག་འཕྲུལ།

vànova

ཉལ་ཆས།

cobrellit

ཉལ་ཁྲིའི་ཁེབས།

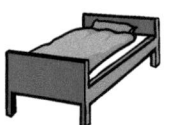

llit

ཉལ་ཁྲི།

escombra

ཕྱགས་མ།

galleda

བཅགས་ཟེམ།

interruptor

མཐེབ་གནོན།

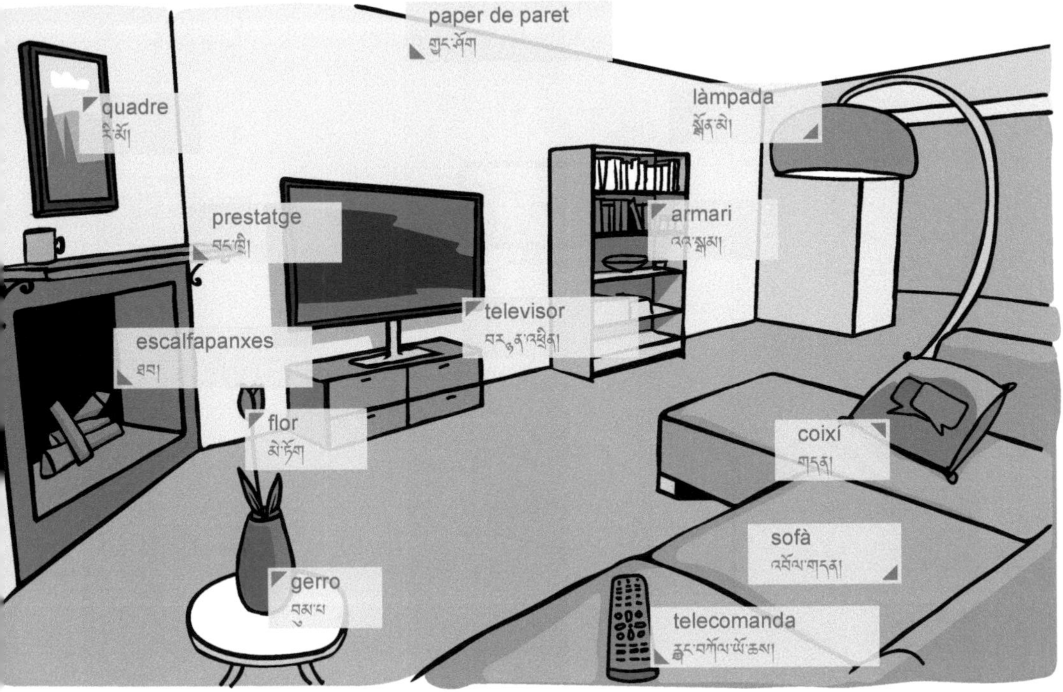

paper de paret
གྱང་ཤོག

quadre
རི་མོ།

làmpada
སྒྲོན་མེ།

prestatge
བང་ཁྲི།

armari
འཆང་སྒྲོམ།

escalfapanxes
ཐབ།

televisor
བརྙན་འཕྲིན།

flor
མེ་ཏོག

coixí
སྔས།

gerro
བུམ་པ

sofà
འབོལ་གདན།

telecomanda
རྒྱང་བཀོལ་ཡོ་ཆས།

catifa
ས་གདན།

cortina
ཡོལ་བ།

taula
ཅོག་ཙེ།

cadira
རྐུབ་སྟེག

cadira gronxadora
འཁར་ཕྱོགས་འགུལ་རྐྱབ་སྟེགས།

cadiral
རྐུབ་ཀྱག་ལག་འཇུ་ཅན།

llibre

དཔེ་དེབ།

llençol

ཉལ་ཐུལ།

decoració

རྒྱན་བཀོད།

llenya

མེ་ཤིང་།

film

གློག་བརྙན།

cadena de música

བསྙིབས་བསྒྲིགས་སྒྲ་ཆས།

clau

ལྡེ་མིག

diari

གསར་ཤོག

pintura

ཚོན་བྲིས།

cartell

གསར་བསྒྲགས་སྤྱར་ཡིག

ràdio

རླུང་འཕྲིན།

bloc de notes

ཟིན་བྲིས།

aspiradora

རྡུལ་ཕུགས།

cactus

རྒྱ་ཤིང་།

candela

ཡང་ལ།

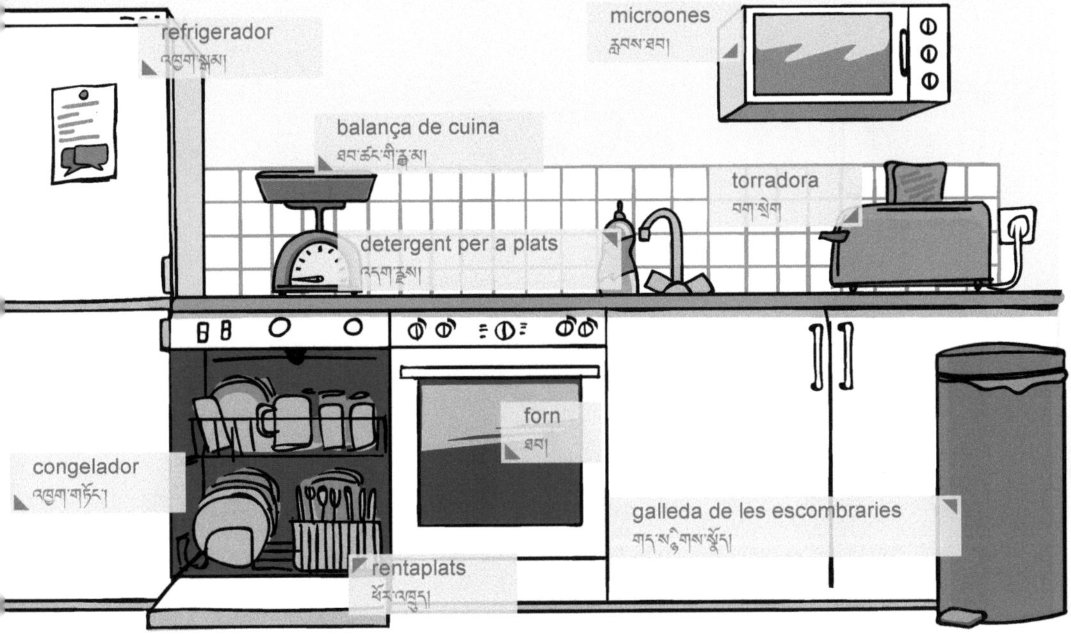

refrigerador
འཁྱག་སྒམ།

microones
རླུངས་ཐབ།

balança de cuina
ཐབ་ཚང་གི་རྒྱ་མ།

torradora
བག་སྲེག

detergent per a plats
འདག་རྫས།

forn
ཐབ།

congelador
འཁྱག་གཏོང་།

galleda de les escombraries
གད་སྙིགས་གས་སྣོད།

rentaplats
ཕོར་འཁྲུད།

cuina de fogons

དབུགས་ཐིག

olla

ཇ་འབལ།

olla de ferro colat

ལྕགས་གས་ཟངས།

wok / karahi

སློང་།

paella

ཚོད་སློང་།

bullidor

ཇ་བུྲིར།

olla de vapor

ཚོག་ཁུ།

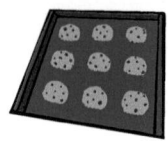

plata de forn

བཞེངས་སྡེར།

vaixella

རྫ་ཆས།

tassa grossa

ཀོ་རེ།

bol

ཕོར་པ།

bastonets xinesos

ཐུར་མ།

culler

གཟར་བུ།

espàtula

སྐྱི།

batedor

དཀྲུག་ཐུར།

colador

ཚགས་སྐྲོགས།

sedàs

ཚགས་སྒྲ།

ratllador

ཞིབ་ཏུ་འཐུལ་འཁོར།

morter

སྟོག་ཙེ།

barbacoa

ཁ་བཞེངས།

foc a terra

མེ་སྐྲོགས།

cuina - ཐབ་ཚོང་།

taula de tallar

ཅོང་པད།

corró

སྐྱིལ་ཤིང་།

llevataps

ཁད་བ་བརྐོལ།

pot de conserva

ལཅགས་ཀྱིང་།

obridor

ལཅགས་ཀྱིང་ཁ་འབྱེད་ཆས།

agafador

རྟོ་སྐྱོམ།

aigüera

ཆ་ཤུར།

raspall

སྐུ་ཤད།

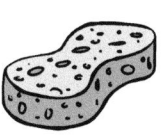

esponja

འགྱིག་སོབ།

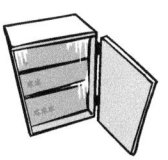

batedora

སྦུལ་དཀྱུག་འཕྲུལ་འཁོར།

congelador

འཁྱག་ཟབ་འཕྲུལ་འཁོར།

biberó

ཕྲིས་པའི་ནུ་རུ།

aixeta

སྦུ་ག

bany

འཁྲུས་ཁང་།

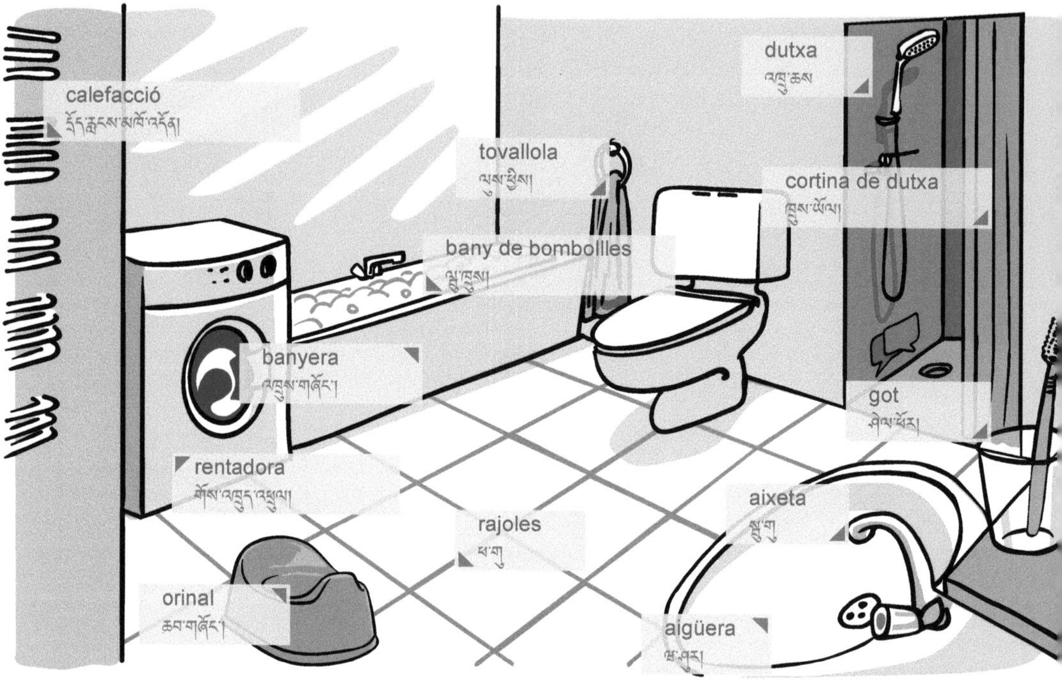

calefacció
དྲོད་རྒྱངས་མགོ་འདོན།
dutxa
འཁྲུ་ཆས
tovallola
ལུས་ཕྱིས།
cortina de dutxa
ཁྲུས་ཡོལ།
bany de bombolles
ལྦུ་ཁྲུས།
banyera
འཁྲུས་གཞོང་།
got
ཤེལ་ཕོར།
rentadora
གོས་འཁྲུད་འཕྲུལ།
aixeta
སྦུ་གུ
rajoles
ཕ་གུ
orinal
ཆབ་གཞོང་།
aigüera
ཁྲ་ཤུར།

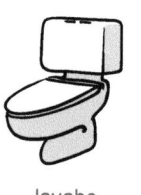

lavabo

འདུག་སྟབས་ཆབ་གཞོག

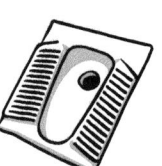

lavabo turc

གསང་སྤྱོད།

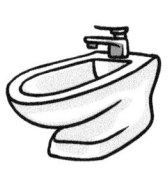

bidet

འཁྲུས་གཞོང་།

orinador

གཅིན་གཏོང་ཆས།

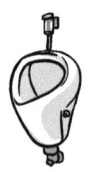

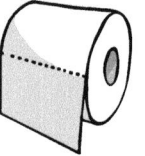

paper higiènic

གཙང་ཤོག

escombreta de sanitari

གསང་སྤྱོད་ཤེད།

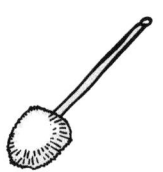

raspall de dents

 སོ་བཀྲུ།

pasta de dents

སོ་སྨན།

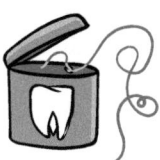

fil dental

སོ་སྐུད།

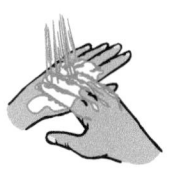

rentar

བཀྲུ་བ།

pom de dutxa

ལག་ཏུ་བཟུང་བའི་འཁྲུ་ཆས།

dutxa íntima

ཁྲུས།

rentamans

གཙོང་ས།

raspall per a l'esquena

རྒྱབ་འཕྲད།

sabó

སྤྱོས་ཆལ།

gel de dutxa

ཁྲུས་ཅིལ།

xampú

སྐྲ་འཁྲུད་ལྕི་ག

manyopla de bany

ཁྲུ་ལན་སྟ།

bonera

ཆུ་གཏོང་ས།

crema

སྐུ་སྨན།

desodorant

དྲི་ཞིམ།

mirall

 མེ་ལོང་།

mirall-espill de mà

མེ་ལོང་།

maquineta de rasar

སྤུར་བཞར།

espuma de barbejar

བཞར་བའི་སྤུམ།

loció post-rasada

ཁ་སྤུ་བཞར་རྗེས།

pinta

སོ་མང་།

raspall

ཨག།

eixugador

སྐྲ་འབུད་འཕྲུལ་བཀོར།

laca

འཇིག་སྒྲིན།

maquillatge

སྒྲ་ཕིར།

pintallavis

མཆུ་སྒྲི།

esmalt d'ungles

སེན་སྒྲི།

cotó

བལ་སྤུར།

tallaungles

སེན་ཆན།

perfum

ཅུ་རི་ཞིམ།

estoig de bellesa

འབྲས་ལག།

tamboret

བཞད་ལཅི་དོར་བ།

bàscula

ལྗས་ཕྲ།

barnús

འབྲས་གོས།

guants de goma

འགྱིག་སྦྱིན་ལག་ཤུབས།

compresa higiènica

སྐྱད་ལེབས།

compresa

ཚོན་ཤོག

sanitari químic

རྣས་འགྱུར་གསང་སྤྱོད།

cambra de nen

བྱིས་པའི་ཁང་པ།

despertador
ཉིལ་བརྡ་ཆུ་ཚོད།
animal de peluix
བལ་སྤུད་རྩེད་ཆས།
auto de joguina
རྩེད་ཆས་རླངས་འཁོར།
casa de nines
རས་ཨོ་ལོའི་ཁང་ཆུང་།
present
ལག་རྟེས།
sonall
ཀླག་ཅོར།

baló

དབུགས་ལྷང་།

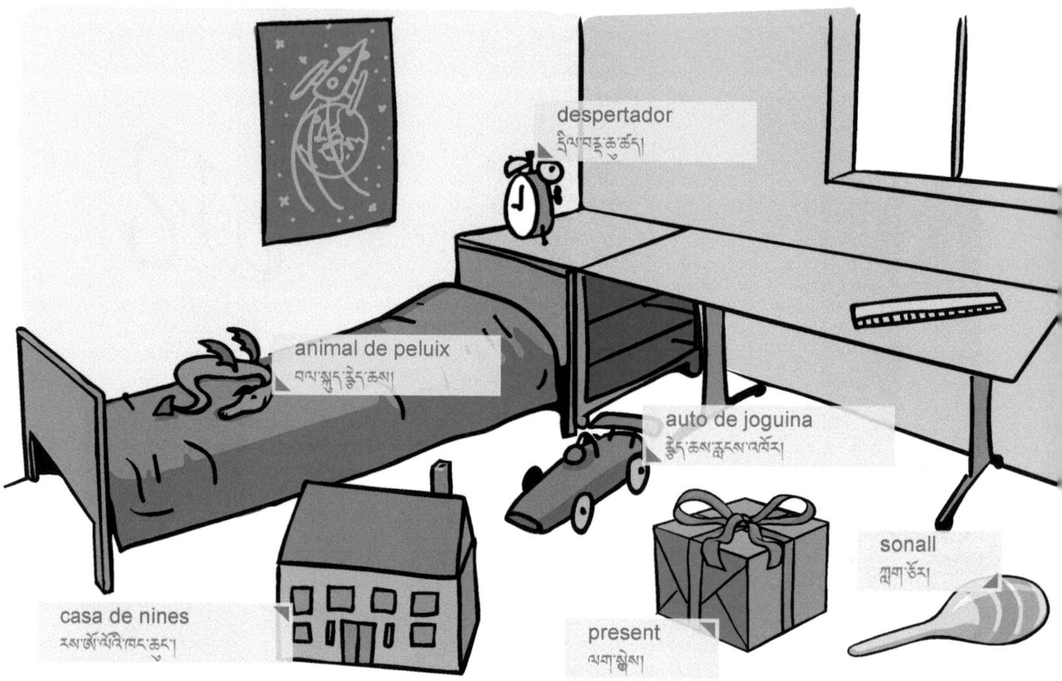

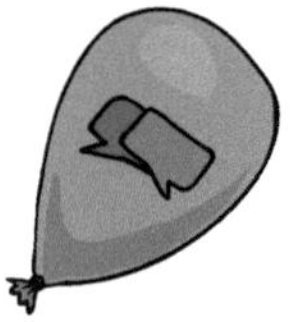

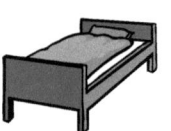

llit

ཉལ་ཁྲི།

cotxet per a nens

བྱིས་པའི་འཁྱོགས་འཁོར།

joc de cartes

ཤོག་སྤྲུག

trencaclosca

རིས་བསྒྲིག་རྩེད་ཆས།

SUPER
MEGA

historieta

མྱུ་འགྲེལ་རི་མོ།

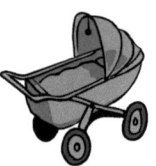

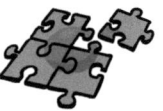

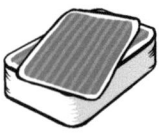

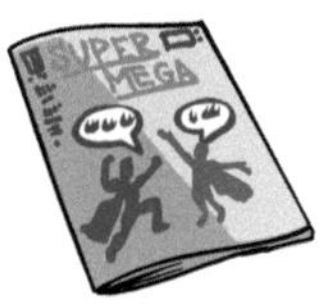

peces de lego

ལེ་གོ།

peces de construcció

བརྩིག་ཤིང་།

ninot d'acció

དཔྱིས་འགུལ་འཕུལ་མི།

granota

ཞིབ་ནར་སོ་ན།

frisbee

འཕར་སྒྱུར།

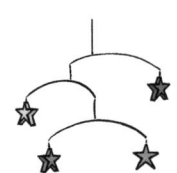

mòbil per a bressol

སྒྱུལ་པདེའི་རྣམ་པ།

joc de taula

སྨིག་མངས་ཀྱི་རོལ་རྩེད།

daus

སོ་རྩེད།

tren elèctric

དཔེ་གླིངས་མེ་འཁོར།

xumet

རྣུས་མ།

festa

འདུ་ཚོགས།

llibre de dibuixos

རི་མོའི་དཔེ་དེབ།

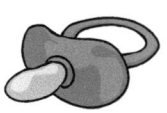

pilota

པོ་ལོང་།

nina

རས་ཨོ་ལོ།

jugar

རྩེད་མོ་རྩེ་བ།

sorrera

ཕྱེ་རྡོལ།

gronxador

འཕྱང་རྐྱང་།

joguines

རྩེད་ཆས།

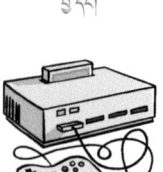

consola de jocs de vídeo

རྩེད་འཕྲུལ།

tricicle

འཁོར་གསུམ་འཁོར་ལོ།

osset de peluix

ཐའེ་ཏིན་ཞུང་།

armari

གོས་སྒམ།

mitjons

རྐང་ཤུབས།

mitges

ཨུམ་ས་ལ།

mitja pantaló

རྐང་ཤུབས།

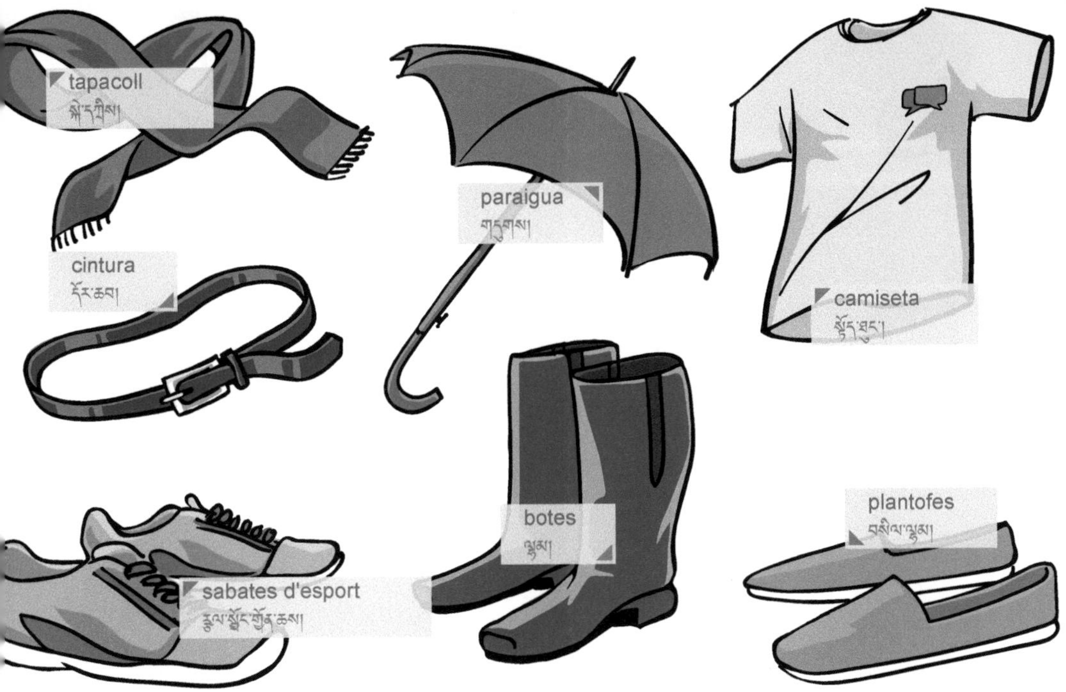

tapacoll
ཨེ་ད་གུས།

cintura
རྐེང་ཆབ།

paraigua
གདུགས།

camiseta
སྟོད་ཐུང་།

botes
ལྷམ།

sabates d'esport
རྩལ་སྦྱོང་གྲོན་ཆས།

plantofes
བསྙེལ་ལྷམ།

sandàlies
འདྲུད་ལྷམ།

sabates
ལྷམ།

botes de goma
འགྱིག་ལྷམ།

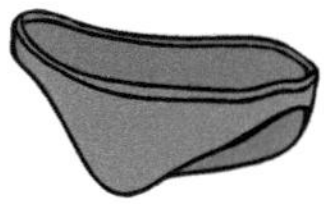

calçonets
ཨང་རག

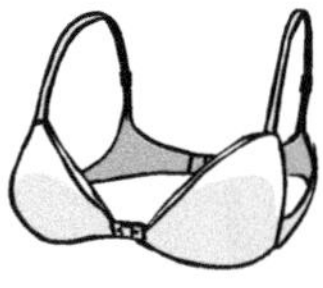

sostenidor
ནུང་ཞིབས།

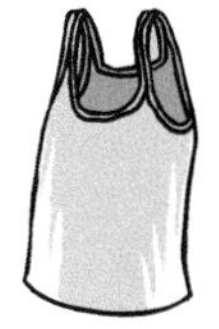

guardapits
རྩལ་ལིན།

jjustacòs

པུ་རྩི་འི་གྱོན་ཆས།

pantalons

རྐུབ་ཆོ།

jeans

འཇིནས།

faldeta

སྨད་གཤ།

brusa

འོག་འཛག

camisa

ཕྱོད་ཐུང་།

jersei

བལ་གོས།

dessuadora

ཤ་ལྭ།

blazer

ཀྲེད་གོས་སྟོད་ལེ།

jaqueta

རྫ་ཀེ་ཏེ།

mantell

སྟོད་གོས།

impermeable

ཆར་གོས།

vestit de dona

གྱོན་ཆས།

vestit de dona

གྱོན་གོས།

vestit de núvia

བག་གོས།

vestit d'home

དུག་སྡྲོག

camisa de dormir

སལ་གོས།

pijama

ཉལ་གོས།

sari

ས་རི།

mocador de cap

མགོ་དཀྲིས།

turbant

ཐོད་དཀྲིས།

burca

ཐོག་ལ།

caftan

ག་ཧྲུ་ཏན།

abaia

ཨ་པ་ཡ།

vestit de bany

རྒྱལ་གོས།

calçon(et)s de bany

ཐུང་ཐོག

pantalons curts

དོར་ཐུང་།

xandall

ལུས་རྩལ་སྡྲོན་ཆས།

davantal

པང་གདན།

guants

ལག་ཤུབས།

botó

སྒྲོག་བུ།

ulleres

མིག་ཤེལ།

braçalet

ལག་གདུབ།

collaret

སྐེ་རྒྱན།

anell

ཙྪིགས་ཞེབས།

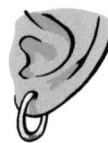

orellera

རྣ་ལོང་།

casquet

ཞྭ།

penjador

གོས་རྡུང་།

capell

གུས་ཞྭ།

corbata

གོང་དཀྲིས།

cremallera

འཇུན་སྒྲོག

casc

རྨོག

elàstics

དཔུང་ཐག

uniforme escolar

སློབ་གོས།

uniforme

སློབ་ཆས།

pitet

ཨྥུ་ཁེབས།

xumet

རྩུས་མ།

bolquer

རྩ་གདན།

oficina

ལས་ཁངས།

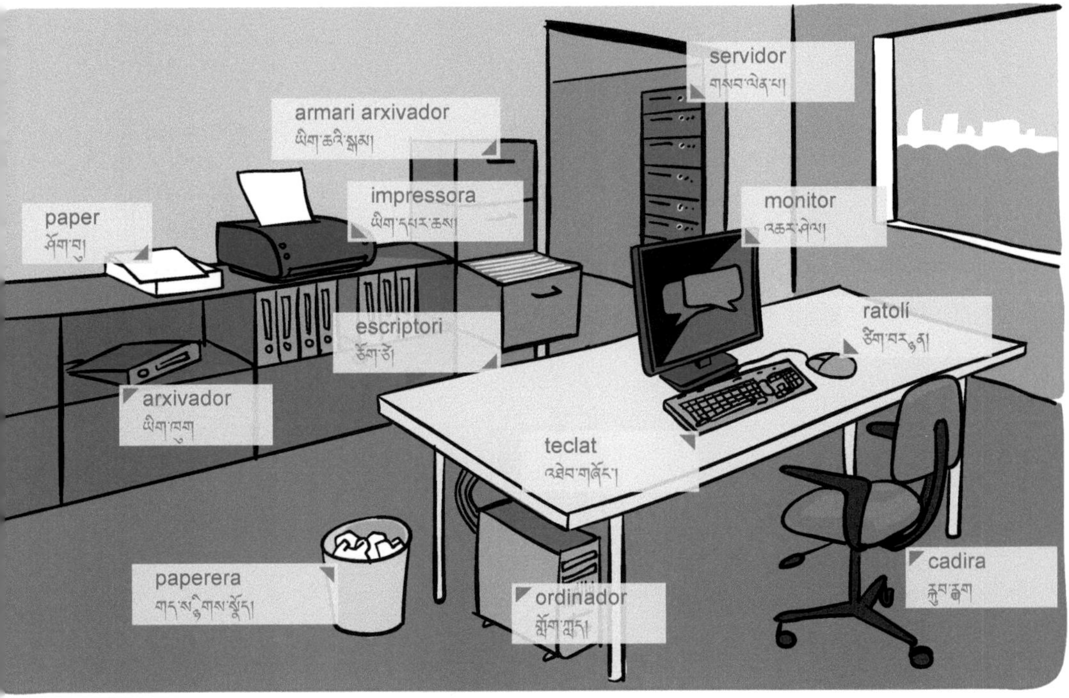

armari arxivador

ཡིག་ཆའི་སྒྲོམ།

servidor

གསབ་ལེན་པ།

impressora

ཡིག་དཔར་ཆས།

monitor

འཆར་ཤེལ།

paper

ཤོག་བུ།

escriptori

ཅོག་ཙེ།

ratolí

ཙིག་པར་རྡུན།

arxivador

ཡིག་ཁག

teclat

འཇེབ་གཏོང་།

cadira

རྐུབ་རྐྱག

paperera

གད་སྙི་གས་སྣོད།

ordinador

གློག་ཀླད།

tassa de cafè

ཅ་ཁ་ཀོ་རེ།

calculadora

ཨང་རྩིས་འཕྲུལ་ཕྲད།

Internet

དྲ་རྒྱ།

ordinador portàtil

ལག་འཁྱེར་གློག་ཀླད།

lletra

ཡི་གེ

missatge

འཕྲིན་ཕྲད།

mòbil

ལག་འཁྱེར་ཁ་པར།

xarxa

དྲ་ལམ།

fotocopiadora

བཤུར་དཔར་ཆས།

programari

མཉེན་ཆས།

telèfon

ཁ་པར།

presa de corrent

གློ་གཏད།

fax

རྒྱང་འབོར།

formulari

རེའུ་མིག

document

ཡིག་ཆ།

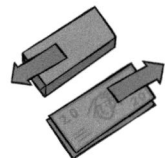

comprar

ཉོ།

pagar

དངུལ་སྤྲོད་པ།

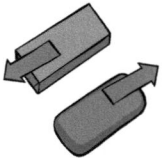

comerciar

ཚོང་རྒྱག་པ།

diners

སྒོར་མོ།

dòlar

ཨ་སྒོར།

euro

ཡོ་སྒོར།

ien

ཡེ་གོར།

ruble

རུའ་སྦེལ།

franc suís

སུའི་ཙེར་གྱི་རྒྱལ་ཁབ་ཀྱི་སྒོར་མོ།

renminbi

རྒྱ་ནག་གི་སྒོར་མོ།

rupia

ལུའ་པི།

caixa automàtica

ལག་དངུལ་གྱི་གཟུགས།

oficina de canvi

བརྗེ་འགྱུར་ལས་ཁུངས།

or

གསེར།

argent

དངུལ།

petroli

སྣུམ།

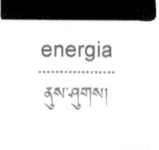

energia

ནུས་ཤུགས།

preu

རིན་གོང་།

contracte

གན་རྒྱ།

impost

དཔྱ་ཁྲལ།

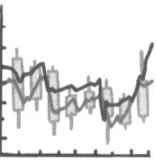

acció

ཚོང་ཤོག

treballar

ལས་ཀ་བྱེད་པ།

treballador

ལས་བྱེད་པ།

empresari

ལས་ཀ་སྤྲོད་མཁན།

fàbrica

བཟོ་གྲྭ།

botiga

ཚོང་ཁང་།

oficis

ལས་རིགས།

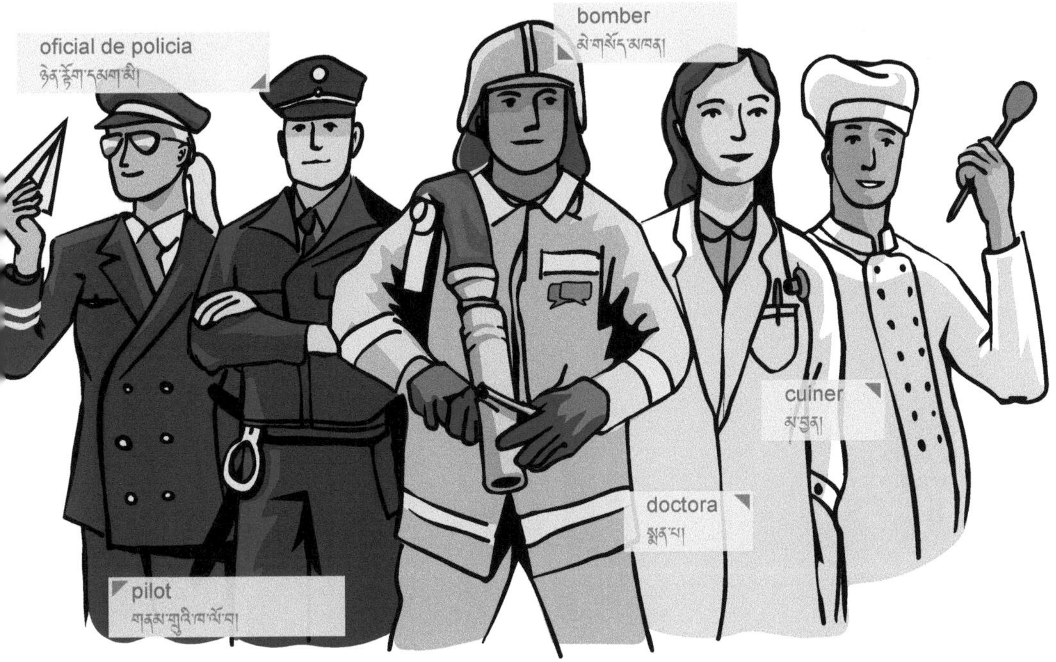

oficial de policia
ཉེན་རྟོག་དམག་མི།
bomber
མེ་གསོད་མཁན།
cuiner
མ་བྱན།
doctora
སྨན་པ།
pilot
གནམ་གྲུའི་ཁ་ལོ་བ།

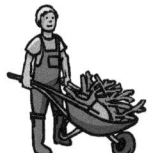

jardiner

ལྡུམ་ར་པ།

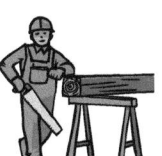

fuster

ཤིང་བཟོ་བ།

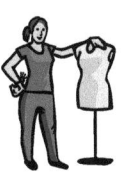

costurera

ཚེམ་མཁན་མ།

jutge

ཁྲིམས་དཔོན།

química

རྫས་སྦྱོར་མཁས་པ།

actor

སྒྱོག་བརྙན་འཁྲབ་སྟོན་པ།

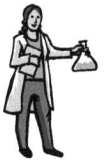

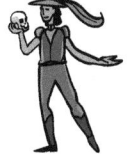

conductor d'autobús

ཁ་ལོ་བ།

taxista

ས་ཆུག་རྣས་འཁོར་ཁ་ལོ་བ།

pescador

ཉ་པ།

dona de la neteja

གཙང་སྦྲ་བྱེད་མཁན།

ensostrador

ཁང་ཐོག་བཟོ་མཁན།

cambrer

ཞབས་ཞུ་བ།

caçador

རྔོན་པ།

pintor

ཚོན་རྩི་གཏོང་མཁན།

forner

བག་ལེབ་ལས་མཁན།

electricista

གློག་བཟོ་མཁན།

obrer de la construcció

ཨུར་ལས་པ།

enginyer

ཨུར་ལས་འཆར་འགོད་པ།

carnisser

བཤན་པ།

llanterner

ཆུ་ལམ་བཟོ་སྐྲུག་པ།

correu

ཡིག་སྐྱེལ་བ།

soldat

དམག་མི།

arquitecte

ཨར་ལས་པ།

caixera

དངུལ་གཉེར།

florista

མེ་གཤོང་མཁན།

perruquer

སྐྲ་བཟོ་མཁན།

revisor

སྨྱུ་འདྲེན།

mecànic

བཟོ་ལས་པ།

capità

འགོ་བྱེད།

dentista

སོའི་སྨན་པ།

científic

ཚན་རིག་པ།

rabí

འཇིན་སློབ་དཔོན།

imam

ཨི་མམ།

monjo

གྲྭ་པ།

capellà

ཆོས་དོན་གཉེར་མཁན།

eines

སྤྱོད་ཆས།

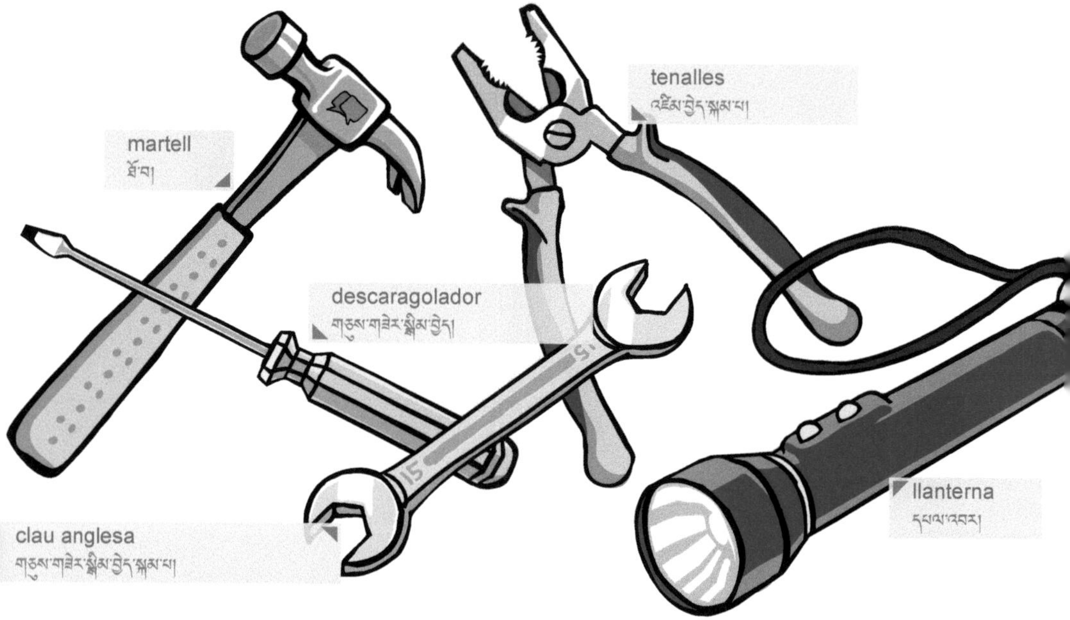
martell
ཐོ་བ།
tenalles
འཛིན་བྱེད་སྐམ་པ།
descaragolador
གཅུས་གཟེར་སྐྱིམ་བྱེད།
clau anglesa
གཅུས་གཟེར་སྐྱིམ་བྱེད་སྐམ་པ།
llanterna
དཔལ་འབར།

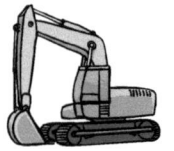

excavadora

སྤྱོག་མཁན།

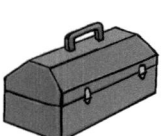

caixa d'eines

སྤྱོད་ཆས་སྒམ།

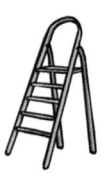

escala

འཛེགས་སྐས།

serra

སོག་ལེ།

claus

ལྕགས་གཟེར།

trepant

འབིགས་གསོར་འཕྲུལ་འཁོར།

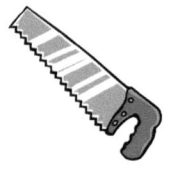

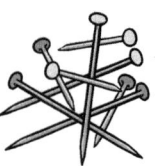

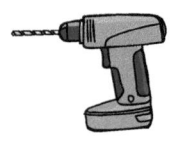

reparar

བཀོ་བཅོས་རྒྱག་པ།

pala

སྐལ་མ།

Maleït siga!

ཨ་མའི་ག

pala

གད་གཅིགས་གཡུགས་བྱེད་ལུགས།

pot de pintura

སྐུམ་ཚོ།

caragols

གཙུས་གཟེར།

instrument de música

རོལ་ཆས།

altaveu

ས་སྐྲས།

bateria

རྔ་ཤུབས།

contrabaix

སྒྲ་དམའི་ཨོ་ལིག་ལིན།

trompeta

འབུད་ལ་ཚུད།

guitarra

རྒྱུད་ཏུག

piano

རྒྱུད་སྐྱོད།

violí

འདེགས་རྩེད།

baix

སྒྲ་གདངས་དམའ་བ།

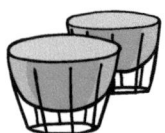

timbal

སྣ་སྙིག་རྡུ་པ།

tambor

རྔ།

teclat

མཐེབ་གཞོང་།

saxofon

ཤལ་མེ་ཕོན།

flauta

འཕྱེད་གླིང་།

micròfon

སྐད་སྒྲོག

tigre
སྟག

entrada
སྒོ་ཁ།

gàbia
གཟེབ།

zebra
རྟ་ཁྲ།

aliment per a animals
གཅན་གཟིགས་ཀྱི་ལྟོ་སྟེར་ས།

ós panda
དོམ་ཁྲ།

animals
སྲོག་ཆགས།

elefant
གླང་ཆེན།

cangurú
ཀངུརུ།

rinoceront
བསེ་རུ།

goril·la
སྤྱི་སྟོད།

ós
དོམ།

camell

རྔ་མོང་།

estruç

རྔ་མོང་བྱ་ཆེན།

lleó

སེང་གེ།

simi

སྤྲེའུ།

flamenc

དངས་པའི་རྒྱ་ལྤོ།

papagai

ནེ་ཙོ།

ós polar

དོམ་དཀར།

pingüí

བྱ་ཆེན་པེད་གྲུན།

ca mari

ཉ་ཆེན་མཆུ།

paó

རྨ་བྱ།

serp

སྦྲུལ།

cocodril

ཆུ་སྲིན།

guardià del zoo

གཅན་གཟན་ཁང་གི་གཉེར་མ་ཁན།

foca

མཚོ་གླང་།

jaguar

གཅན་གཟན་གུང་།

poni

ཡུལ་རྟ།

lleopard

གཟིག

hipopòtam

མ་ཚོ་ཕག

girafa

ལྷ་ལྔ་ལེ་རིན།

àliga

ཁྲ།

senglar

ཕོ་ཕག

peix

ཉ།

tortuga

རུས་སྦལ།

morsa

ཕྱོལ་རས།

guineu

ཝ་མོ།

gasela

དགོ་བ།

futbol americà
ཨ་རིའི་རྐང་རྩེད་སྤོ་ལོ།

ciclisme
རྐང་འཁོར་རི་ལ་བཙོན་པ།

tenis
ཊེ་ནི་སི།

bàsquet
ལན་ཆིའི་སྤོ་ལོ།

natació
ཆུ་སྐྱལ་བ།

boxa
རྡོག་མེ་ད।

hoquei sobre gel
རྡོག་གིའི།

futbol americà
རྐང་རྩེད་པོ་ལོ།

bàdminton
བྱ་སྒྲོའི་སྤོ་ལོའི་རྩེད་མོ།

atletisme
ལུས་རྩལ་ལས་འགུལ།

handbol
ལག་རྩེ་པོ་ལོ།

esquí
གངས་ཤུད་པ་ལེབ།

polo
པོ་ལོ།

saltar
མཆོངས་པ།

abraçar
འཁམ་འཁྱུད་བྱེད་པ།

riure
གད་མོ་དགོད་པ།

anar
བསྐོར་བ་རྒྱུག་པ།

cantar
གླུ་ལེན་པ།

somiar
རྨི་ལམ་གྟོང་བ།

pregar
གསོལ་བ་འདེབས་པ།

fer un petó
ཨོ་བྱེད་པ།

escriure

འབྲི་བ།

dibuixar

འབྲི་བ།

mostrar

མིག་ལ་སྟོན་པ།

pitjar

འབུད་རྒྱག་གཏོང་བ།

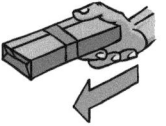

donar

སྤྲོད་པ།

prendre

ལེན་པ།

tenir

ཡོད་དྲ།

fer

བྱེད།

ésser

ཡིན།

estar dret

ལངས་པ།

córrer

རྒྱུག་པ།

estirar

འཐེན་པ།

llançar

འཕེན་པ།

caure

ལྷུང་པ།

jeure

ཉལ་བ།

esperar

སྒུག་པ།

portar

འཁྱེར།

asseure's

མར་སྡོད་པ།

vestir-se

གྱོན་པ།

dormir

གཉིད་ཉལ་བ།

despertar-se

ཡར་ལངས་པ།

mirar

ལྟ་བ།

plorar

དུ་བ།

amoixar

གོན་པ་བྱིན་པ།

pentinar

སྐྲ་འཐེད་པ།

parlar

སྐད་ཆ་ཤོད་པ།

comprendre

རྟོགས་པ།

demanar

དྲི།

escoltar

ཐོས་པ།

beure

འཐུང་།

menjar

ཟ།

endreçar

ལེགས་སྒྲིག

estimar

དགའ་བ།

cuinar

བཟོ་བ།

conduir

རྫས་འཁོར་གཏོང་བ།

volar

འཕུར་བ།

navegar

རྒྱ་མཚོར་སྐྱོད་པ།

calcular

རྩིས་རྒྱག་པ།

llegir

ཀློག་པ།

aprendre

སློབ་སྦྱོང་བྱེད་པ།

treballar

ལས་ཀ་བྱེད་པ།

casar-se

གཉེན་སྒྲིག་བྱེད་པ།

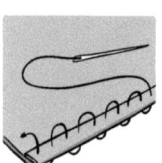

cosir

འཚེམ་པ།

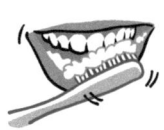

raspallar-se les dents

སོ་འཁྲུས།

matar

གསོད་པ།

fumar

འདུ་བ་འཐེན་པ།

enviar

གཏོང་བ།

àvia
རྨོ་མོ།

avi
རྡོ་པོ།

pare
ཨ་པ།

mare
ཨ་མ།

nadó
ཕྲུག་ག

filla
བུ་མོ།

fill
བུ་ཕྲུག

convidat
མགྲོན་པོ།

tia
ཨ་ནེ།

oncle
ཨ་ཁུ།

germà
ཕ་ནུ།

germana
ཨ་ཅེ།

COS

ལུས་ཕུངས།

front
ཐོད་པ།
ull
མིག
espatlla
ཕྲག་པ།
dit
མཛུབ་མོ།
cara
ངོ་གདོང་།
barbeta
མ་ཞེ།
mà
ལག་པ།
pit
ནུ་མ།
cama
རྐང་པ།
braç
ལག་ངར།

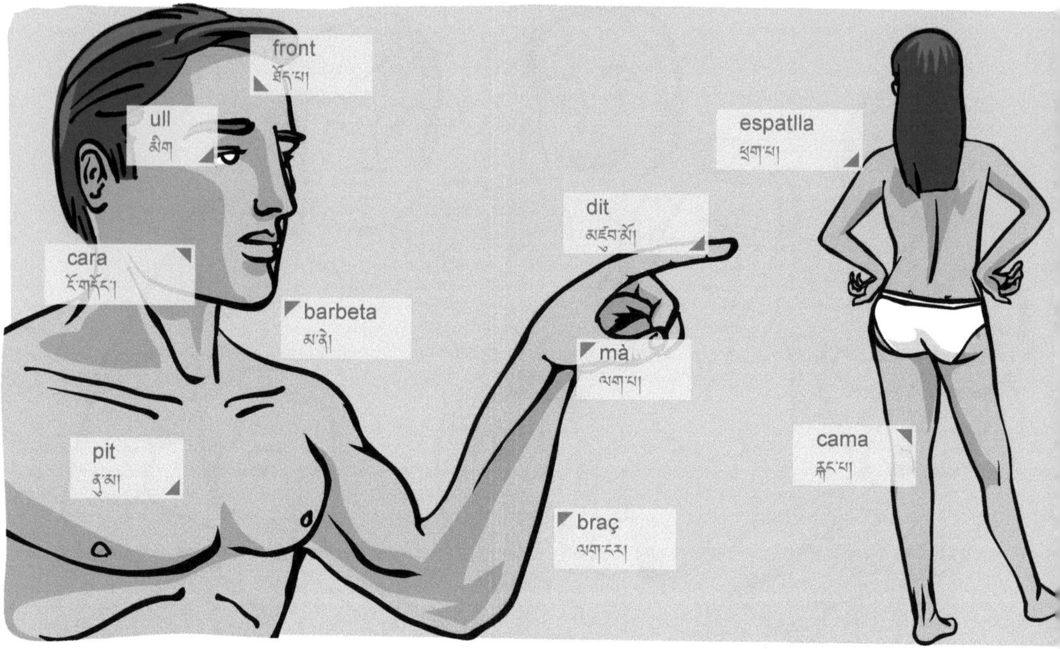

nadó

བྱིས་པ།

home

སྐྱེས་པ

dona

བུད་མེད།

noia

བུ་མོ།

noi

བུ།

cap

མགོ།

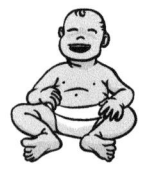

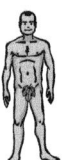

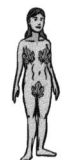

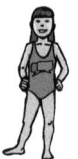

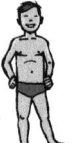

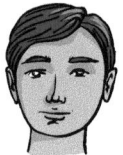

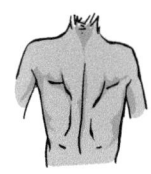

esquena

སྒལ་པ།

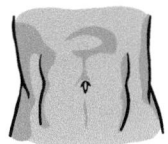

panxa

ཕོ་བ་པ།

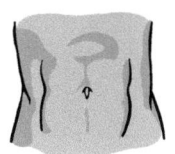

melic

ལྟེ་བ།

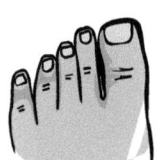

dit gros del peu

རྐང་མཐེབ།

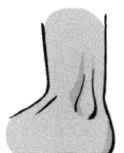

taló

རྟིང་ཀ།

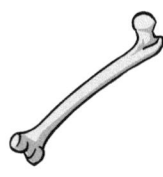

os

རུས་པ།

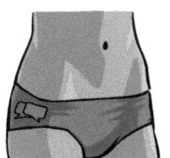

maluc

དཔྱི་མགོ།

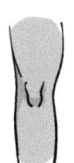

genoll

པུས་མོ།

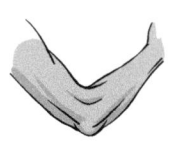

colze

གྲུ་མོ།

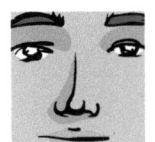

nas

སྣ།

cul

རྐུབ།

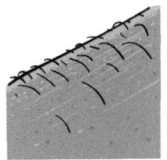

pell

པགས་པ།

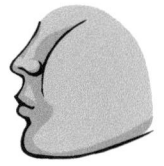

galta

འགྲམ་པ།

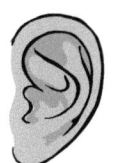

orella

རྣ་མཆོག

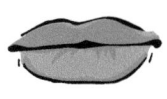

llavi

མཆུ།

boca

ཁ།

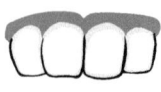

dent

སོ།

llengua

ལྕེ།

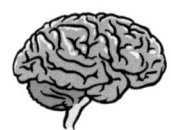

cervell

ཀླད་པ།

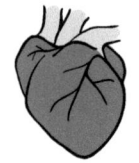

cor

སྙིང་།

múscul

ཤ་གནད།

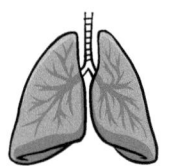

pulmó

གློ་བ།

fetge

མཆིན་པ།

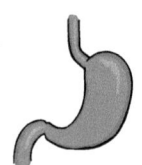

estómac

གྲོད་པ།

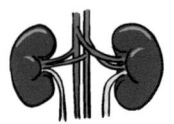

ronyó

མཁལ་མ།

relació sexual

འཁྲིག་སྤྱོད།

preservatiu

ལྭ་ཕུབས།

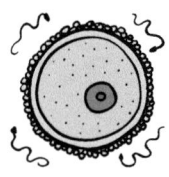

ovari

ཁམས་དམར།

semen

ཁམས་དཀར།

prenyat

སྦྲུམ་མའི་གནས་སྐབས།

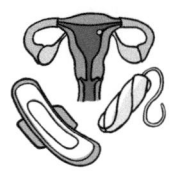

menstruació

རྫུ་མ་ཚོན།

vagina

སྟེ་སྒོ།

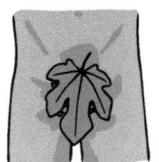

penis

པོ་མ་ཚོན།

cella

སྤྲིན་མ།

cabells

སྐྲ།

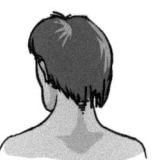

coll

སྐེ།

hospital
སྨན་ཁང་།

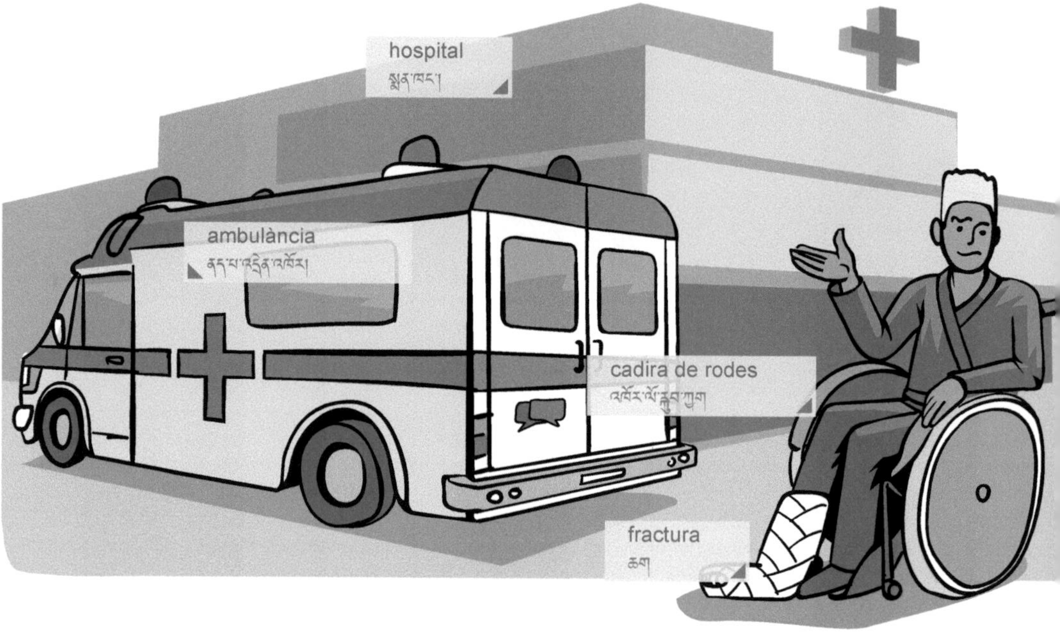

ambulància
ནད་པ་འདྲེན་འཁོར།

cadira de rodes
འཁོར་ལོ་རྐུབ་ཀྱག

fractura
ཆག

doctora

སྨན་པ།

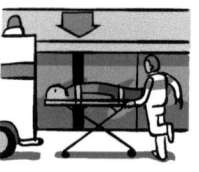

sala d'urgències

སྱུར་སྐྱོབ་ཁང་།

infermera

ནད་གཡོག

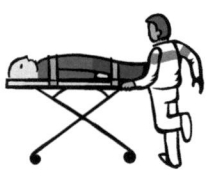

urgència

སྱུར་སྐྱོབ།

inconscient

དྲན་པ་འཐོར།

dolor

ཟུག་རྔུ།

ferida

སྐྲངས།

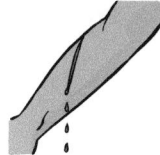

sagnament

ཁྲག་བཞུར་བ།

atac de cor

སྙིང་ཁྲག་དགགས་པ།

apoplexia

གཟན་ཐོག

al·lèrgia

ཚམས་ཆེ།

tos

གློ་རྩག་པ།

febre

ཚ་བ་རྣལ་པ།

gripa

ཚམས་རིམས།

diarrea

བཤལ་ནད།

mal de cap

མགོ་ན།

càncer

སྐྲན་ནད།

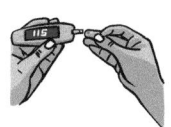

diabetis

གཅིན་སྙི།

cirurgià

གཤགས་གཅོད་སྨན་པ།

escalpel

གཤགས་བཅོས་གྲི།

operació

བཀོལ་སྒྲོལ།

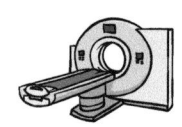

tomografia computada (TC), TAC

CT ཞིབ་བཤེར།

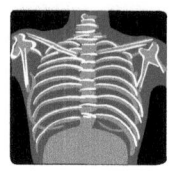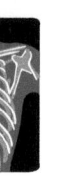

raigs x

གློག་དཔར།

ultrasò

བརྣལ་སྐྲའི་གློག་པར།

mascareta

 རོ་ཞིབས།

malaltia

ནད།

sala d'espera

སྒུག་ཁང་།

crossa

ཞ་པོའི་འབར་ཤིང་།

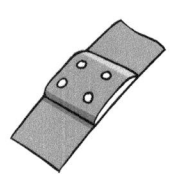

tireta

ཐལ་རྩུལ།

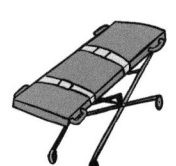

embenat

རྨ་དཀྲིས།

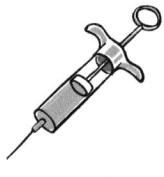

injecció

ཁབ།

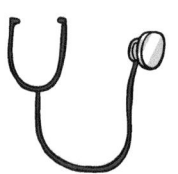

estetoscopi

ནད་ཞིབ་ཆུན་ལྡ་འཕུལ་ཆས།

llitera

འགྲོག་འཕྱང་།

termòmetre clínic

ཚ་དྲག་རྟུལ་ཆས།

pariment

སྐྱེ་བ།

sobrepès

ལྱིད་བཙོག།

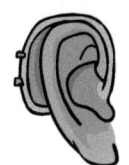

aparell auditiu

ཅུན་ཐན་ཡོ་བྱད།

desinfectant

དུག་སེལ་སྨན་རྫས།

infecció

འགོ་བ།

virus

དུག་ཕྲེན།

VIH / SIDA

ཨེ་ཙི་ཨད་དུག

medicina

སྨན།

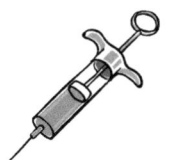

vaccí

སྔོན་འགོག་སྨན་ཁབ།

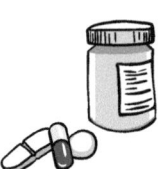

comprimits

སྨན་རིལ།

píl·lola

རྩི་འགོག་སྨན།

trucada d'urgència

སྨྱུར་སྐྱོབ་འབོད་བ།

tensiòmetre

ཁྲག་གཤེར་རྩུས་ཆས།

malalt / sà

ནད་པ་འདི་པོ་ཐང་པོ།

Socors!

ཕྱག་སློབ་ཡ།

alarma

ཉེན་བརྡ།

assalt

རྐོལ་འཛིངས།

atac

བཙན་རྐོལ།

perill

ཉེན་ཁ།

sortida-eixida d'urgència

ཐེལ་སྱར་ཕྱིན་སློ།

Foc!

མེ།

extintor

མེ་གསོད་ཡོ་བྱད།

accident

འཕྲལ་ཉེན།

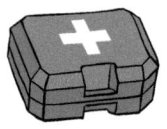

farmaciola de primers
auxilis

སྱར་སློབ་སྨན།

SOS

ཚ་ཕོག་སློབས།

policia

ཉེན་རྟོག་ཡ།

Europa

ਘੱ'ਤੱੱੱ।

Amèrica del Nord

ਘਾਘੇ'ੜੇ'ਗਾਕੇ'ਤ੍ਰ੍ਤ੍ਤ।

Amèrica del Sud

ਤ੍ਰਾਘੇ'ੜੇ'ਗਾਕੇ'ਖ਼੍ਰ੍ਧਾ।

Àfrica

ਘਾਡ੍ਰੇ'ੜੇ'ਗਾ।

Àsia

ਘੇ'ਮੇ'ਘਾ।

Austràlia

ਘੱੱ'ਮੇ'ਗੱੱੱ'ਘੇ'ਘਾ।

Atlàntic

ਕ੍ਰਾ'ਛੇੱੱ'ਗ੍ਰੂ'ਮਾਰੋੱੱੱ।

Pacífic

ਥਿ'ਘਤੇੱੱ।

Oceà Índic

ਗ੍ਰੇ'ਗਾੱੱੱ'ਗ੍ਰੂ'ਮਾਰੋੱੱ।

Oceà Antàrtic

ਪੱੱ'ਭੇੱੱੱੱ'ਗ੍ਰੂ'ਮਾਰੋੱੱ।

Oceà Àrtic

ਗ੍ਰੇੱੱ'ਭੇੱੱ'ਤ੍ਰੂੱੱ'ਮਾਤੇੱੱੱ'ਗ੍ਰੂ'ਮਾਰੋੱੱ।

pol nord

ਤ੍ਰੂੱੱ'ਤੇੱੱ।

pol sud

ཚོ་སྨྲ།

Antàrtida

ཚོ་སྨྲ་སྒྲིད།

terra

ས་གོ་ལ།

país

ས།

mar

རྒྱ་མཚོ།

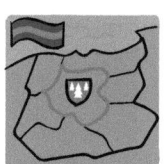

illa

གླིང་ཀ།

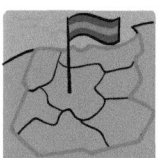

nació

རྒྱལ་ཁབ།

estat

རྒྱལ་ཁབ།

quadrant

ཆུ་ཚོད།

agulla de les hores

ཆུ་ཚོད་ཀྱི་མདའ།

agulla dels minuts

སྐར་མདའ།

agulla dels segons

སྐར་མདའ།

Quina hora és?

དུས་ཚོད་ག་ཚོད་རེད།

dia

ཉིན།

temps

དུས་ཚོད།

ara

ད་ལྟ།

rellotge digital

མཐའ་དབྱིབས་ཅན་གྱི་ཆུ་ཚོད

minut

སྐར་མ།

hora

དུས་ཚོད།

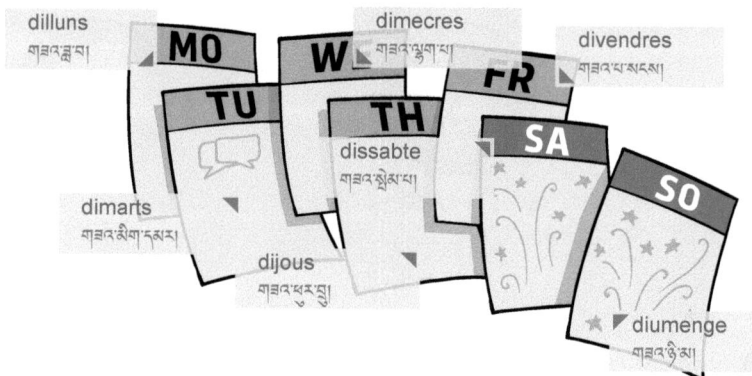

dilluns
གཟའ་ཟླ་བ།

dimecres
གཟའ་ལྷག་པ།

divendres
གཟའ་པ་སངས།

dimarts
གཟའ་མིག་དམར།

dissabte
གཟའ་སྤེན་པ།

dijous
གཟའ་ཕུར་བུ།

diumenge
གཟའ་ཉི་མ།

ahir
ཁ་སང་།

avui
དེ་རིང་།

demà
སང་ཉིན།

matí
ཞོགས་པ།

migdia
ཉིན་དགུང་།

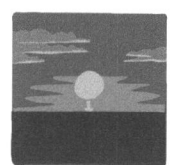

tarda
དགོང་དྲོ།

dia feiner
ལས་གཡེང་ཉིན་མོ།

cap de setmana
བདུན་ཕྲག་གི་མཐའ་འཁྱུད།

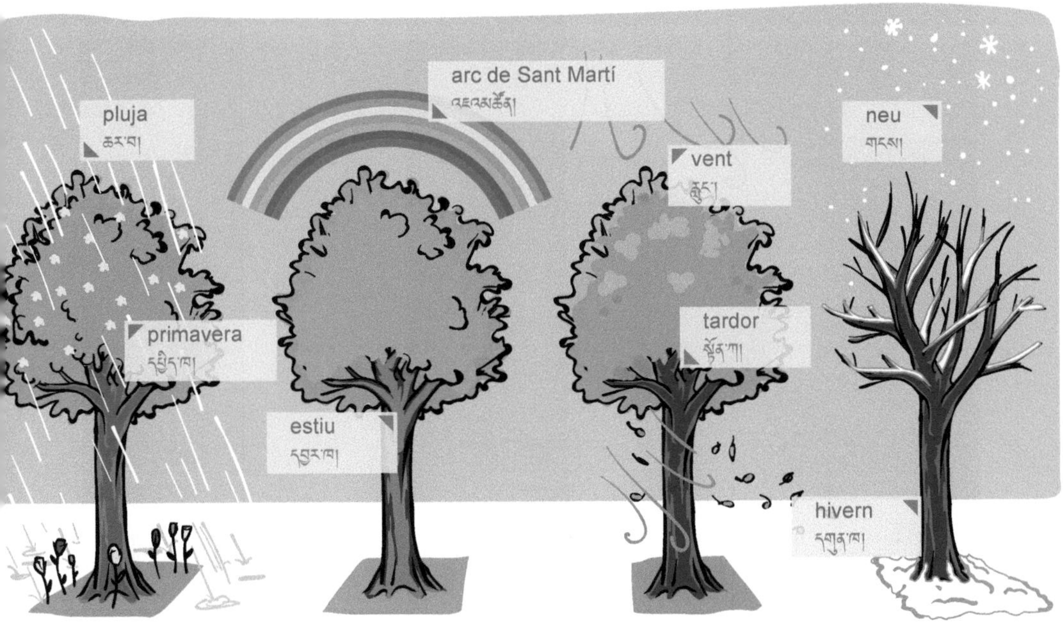

pluja
ཆར་པ།
arc de Sant Martí
འཇའ་ཚོན།
neu
གངས།
vent
རླུང་།
primavera
དཔྱིད་ཀ།
tardor
སྟོན་ཀ།
estiu
དབྱར་ཀ།
hivern
དགུན་ཀ།

4.APRIL 11°
5.APRIL 4°
6.APRIL 13°
7.APRIL 8°
8.APRIL 10°

pronòstic del temps

གནམ་གཤིས་སྔོན་བརྡ།

F
C
120
90
60
30
0
-30
40
30
20
10
0
-10
-20

termòmetre

དྲོད་ཚད་རྩིས་ཆས།

llum del sol

ཉི་འོད།

núvol

སྤྲིན།

boira

སྨུག་པ།

humiditat de l'aire

བརླན་ཚད།

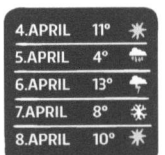

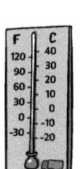

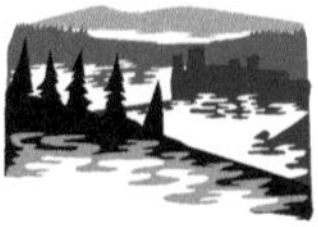

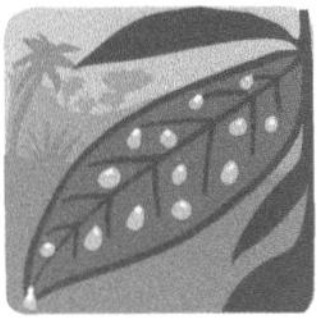

llamp

གློག

tro

འབྲུག་སྐད།

tempesta

རླུང་འཚུབ།

calamarsa

སེར་བ།

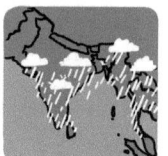

monsó

དུས་ཆར།

inundació

ཆུ་ལོག

gel

འཁྱགས་པ་

gener

སྤྱི་ཟླ་དང་པོ།

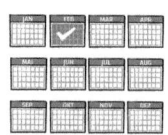

febrer

སྤྱི་ཟླ་གཉིས་པ།

març

སྤྱི་ཟླ་གསུམ་པ།

abril

སྤྱི་ཟླ་བཞི་པ།

maig

སྤྱི་ཟླ་ལྔ་པ།

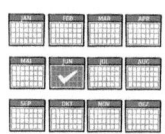

juny

སྤྱི་ཟླ་དྲུག་པ།

juliol

སྤྱི་ཟླ་བདུན་པ།

agost

སྤྱི་ཟླ་བརྒྱད་པ།

any - ལོ།

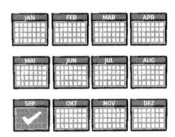

setembre

 སྟི་ཟླ་དགུ་པ།

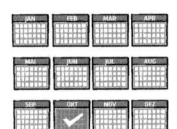

octubre

སྟི་ཟླ་བཅུ་པ།

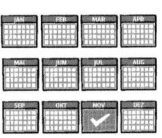

novembre

སྟི་ཟླ་བཅུ་གཅིག་པ།

desembre

སྟི་ཟླ་བཅུ་གཉིས་པ།

formes

 རྣམ་པ།

cercle

སྒོར་སྒོར།

quadrat

གྲུ་བཞི་མ།

rectangle

གྲུ་བཞི་རིང་མོ།

triangle

ཟུར་གསུམ་མ།

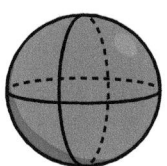

esfera

སྒུར་གཟུགས།

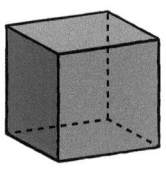

cub

ཟུར་དཔངས་གྲུ་བཞི་མ།

blanc

དཀར་པོ།

groc

སེར་པོ།

taronja

ལི་དབང་།

rosa

ཟིང་སྐྱ།

vermell

དམར་པོ།

lila

ཝ་མེན་མདོག

blau

སྔོན་པོ།

verd

ལྗང་ཁུ།

marró

རྒྱ་སྨུག

gris

སྐྱ་བོ།

negre

ནག་པོ།

molt / poc

མང་པོ་ཉུང་བ།

emprenyat / tranquil

ཁྲོ་བོ་ཞི་འཇམ་ཅན།

bonic / lleig

མ་རབས་ཁ་ཤས།

començament / fi

གྲོ་བཙུགས་པ་མཇུག་སྐྱེལ།

gran / petit

ཆེ་ག་ཆུང་བ།

clar / fosc

འོད་ཕོས་ཕོས་མ་མན་ནག

germà / germana

ཕུནུ་ཨ་ཆེ།

net / brut

གཙང་མ་བཙོག་པ།

complet / incomplet

ཆ་ཚང་གཱ་མ་ཆང་བ།

dia / nit

ཉིན་མོ་མཚན་མོ།

mort / viu

གཞིན་པོ་གསོན་པོ།

ample / estret

ཡངས་པོ་དོག་པོ།

comestible / immenjable

ཟ་རུང་།ཟ་མི་རུང་བ།

dolent / amable

དྲན་པ།སེམས་བཟང་།

entusiasmat / entediat

དགའ་སྤྲོ་སྐྱེ་བ།སྐྱོ་བ།སྐྱོ་བ།

gros / prim

ཚོན་པོ།རིད་པོ།

primer / darrer

དང་པོ།མཐའ་མ།

amic / enemic

གྲོགས་པོ།དགྲ་པོ།

ple / buit

ཁེངས་པ།སྟོང་པ།

dur / tou

མཁྲེགས་པོ།འཇམ་པོ།

pesant / lleuger

ལྗིད་པོ།ཡང་མོ།

gana / set

བགྱེས་པ།སྐྱོམ་པ།

malalt / sà

ནད་པ།འདི་པོ།བདེ་པོ།

il·legal / legal

ཁྲིམས་འགལ་གྱི།ཁྲིམས་ཀྱི

intel·ligent / ximple

རིག་པ་ཅན།གློེན་པ།

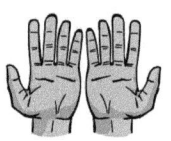

esquerra / dreta

གཡོན།གཡས།

prop / llunyà

ཉེ་པོ།ཐག་རིང་པོ།

nou / usat

གསར་པ་རྙིང་སོག

res / quelcom

གང་ཡང་མིན་པ་གང་རེ་ཡིན་ན།

vell / jove

ལོན་མཐོ་བ་གཞོན་ན།

encès / apagat

སྤེད་ཡར།

obert / tancat

ཁ་འབྱེད་ནས་ཡོད་པ།ཁ་བཀད་ནས་ཡོད་པའི།

silenciós / sorollós

ཁ་སིམ་པོ་སྐྲ་ཆེན་པོ།

ric / pobre

ཕྱུག་པོ་སྐྱོ་པོ།

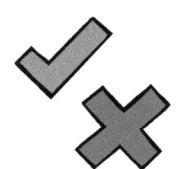

correcte / incorrecte

འོས་རེས་ནོར་པ།

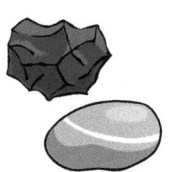

aspre / suau

རྩུབ་པོ་འཇམ་པོ།

trist / content

ཡིད་སྐྱོ་བོ་དགའ་པོ།

curt / llarg

ཐུང་བ་རིང་བ།

lent / ràpid

དལ་བ་མགྱོགས་པ།

humit / sec - eixut

རློན་པ་སྐམ་པོ།

calent / fred

ཚོན་པོ་གྲང་མོ།

guerra / pau

འཐབ་པ།

oposats - སྤྱོག་ཕྱོགས་ཀྱི་མིང་ཚིག   87

0

zero

སྐྱེད་ཀོར།

1

u

གཅིག

2

dos

གཉིས།

3

tres

གསུམ།

4

quatre

བཞི།

5

cinc

ལྔ།

6

sis

དྲུག

7

set

བདུན།

8

vuit

བརྒྱད།

9

nou

དགུ

10

deu

བཅུ།

11

onze

བཅུ་གཅིག

12

dotze

བཅུ་གཉིས།

13

tretze

བཅུ་གསུམ།

14

catorze

བཅུ་བཞི།

15

quinze

བཅོ་ལྔ།

16

setze

བཅུ་དྲུག

17

disset

བཅུ་བདུན།

18

divuit

བཅོ་བརྒྱད།

19

dinou

བཅུ་དགུ

20

vint

ཉི་ཤུ།

100

cent

བརྒྱ།

1.000

mil

སྟོང་།

1.000.000

milió

ས་ཡ།

anglès

དབྱིན་སྐད།

anglès americà

ཨ་རིའི་དབྱིན་སྐད།

xinès mandarí

རྒྱ་སྐད།

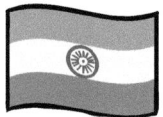

hindi

ཧིན་དི།

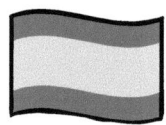

espanyol

སི་པེན་གྱི་སྐད་རིགས།

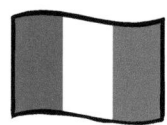

francès

ཕ་རན་སིའི་སྐད་རིགས།

àrab

ཨ་རབ་ཀྱི་སྐད་རིགས།

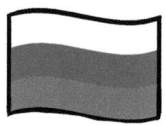

rus

ཨུ་རུ་སུའི་སྐད་རིགས།

portuguès

ཕོར་ཐུག་ཀལ་གྱི་སྐད་རིགས།

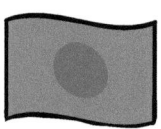

bengalí

བྲུང་གཱ་ལ་སྐད་རིགས།

alemany

འཇར་མན་སྐད་རིགས།

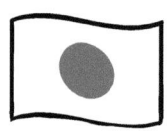

japonès

ཇར་པན་སྐད་རིགས།

jo

ང་།

tu

ཁྱེད་རང་།

ell / ella / allò

ཁོ་མོ་འདི།

nosaltres

ང་ཚོ།

vosaltres

ཁྱེད་ཚོ།

ells

ཁོ་ཚོ།

qui?

སུ།

què?

ག་རེ།

com?

ག་འདྲ།

on?

ག་བ།

quan?

ག་དུས།

nom

མིང་།

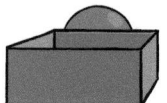

darrere

 རྒྱབ་ན།

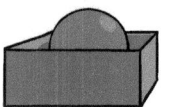

en

ནང་ན།

davant de

མདུན་ན།

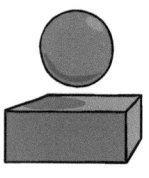

damunt

སྟེང་ན།

sobre

སྟེང་ན།

sota

འོག་ན།

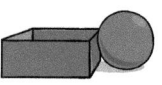

al costat

འགྲམ་དུ།

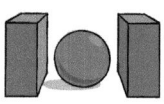

entre

བར་དུ།

lloc

ས་གནས།